심리사회적
Psychosocial
stress
스트레스

심리사회적
Psychosocial
stress 정동화 지음
스트레스

KSI 한국학술정보(주)

스트레스 개념은 Selye가 의학과 생리학 분야에서 최초로 사용하였으며 이제는 사회심리학 분야에까지 확대되기에 이르렀다. 우리는 일상생활 속에서 심리적 요인이나 사회적 요인에 의해 여러 가지 스트레스를 경험하게 된다. 이러한 스트레스는 결국에는 생리적·행동적 반응을 비롯한 다양한 반응을 유발하게 되고 이로 인해 질병이나 사망에까지 이르게 된다. 그러므로 건강한 생활을 영위하기 위해서는 스트레스에 대한 이해가 중요하다. 저자는 스트레스에 대한 연구와 공부를 통해 틈틈이 정리된 원고들을 모아 책으로 엮어 보았다.

본서는 크게 4부분으로 구성되어 있다.

1부에서는 스트레스가 무엇인지에 대해서 살펴보았다. 3가지 관점에서 스트레스에 대한 개념을 살펴보았다.

2부에서는 스트레스를 유발하는 스트레스 원인에 대해 살펴보았다. 스트레스를 일으키는 생활사건과 관련된 연구내용들을 제시하고 생활 속에서 일어나는 스트레스원으로서 가족스트레스, 직무스트레스, 학교스트레스에 대해서 설명하였다.

3부에서는 스트레스의 반응과 관련된 내용을 제시했다. 여기서는 스트레스의 생리적 반응과정, 심리행동적 반응 및 이에 따른 질병에 대해 다루었다.

4부에서는 스트레스의 중재 및 조절변인에 대해서 다루었다. 유전적이거나 가정적 원인을 비롯하여 스트레스를 중재하거나 조절하는 여러 변인에 대해 다루었으며, 특히 사회적 지지와 스트레스 대처에 대해서는 자세히 다루려고 노력하였다.

본서는 심리사회적 스트레스에 대한 기본 이해를 돕고, 특히 스트레스 연구자들에게 이론적 배경을 구축하는 데 도움이 되리라고 생각한다. 그러나 저자의 능력부족으로 미진한 부분이 많으리라고 보아 앞으로 더욱 내용보강에 힘쓸 것을 다짐해 본다.

본서가 나오기까지 도움을 준 고려대학교 사범대학 여러 학생들에게 감사하고, 항상 기도해 주시는 어머니와 아내, 그리고 아들 창현과 누님 내외분에게 감사드린다. 또 출판이 되기까지 수고한 한국학술정보(주) 출판사업부 이주은 선생과 직원 여러분께도 감사의 뜻을 전하고 싶다.

2010년 4월
강남대학교 연구실에서
정 동 화

I. 스트레스란 무엇인가

스트레스란 용어는 이제 일상적 용어가 되었다. 그러나 스트레스란 무엇인지 알려면 단순히 개념 정의와 간단한 설명으로만 이해될 수 있는 것이 아니다. 이 용어가 사용되어 온 과정이나 연구자의 다양한 관점 등을 살펴보는 것이 필요하다.

1. 스트레스의 개념

사람은 일상생활 속에서 여러 가지 문제로 인해 많은 어려움에 직면하게 된다. 이러한 문제에 직면하여 제대로 적응하지 못하면 우리는 불안이나 짜증을 느끼기도 하고 심지어 건강을 해치기도 한다. 이러한 과정에서 흔히 우리는 스트레스를 느낀다고 한다. 스트레스란 용어를 생활 속에서 자주 사용하면서도 정확하게 설명하는 것은 간단한 일이 아니다. 스트레스(stress)란 용어는 라틴어의 'stringer'로서 '팽팽하게 죄다'라는 뜻에서 유래되었고 물리학이나 공학뿐만 아니라 인간의 행동과 경험을 설명하는 데 이용되었다. 스트레스의 의미는 시대에 따라 여러 가지 의미로 사용되어 왔다.

17세기에는 고난, 역경 혹은 고통의 의미로 쓰이다가 18~19세기에는 물질, 사람 혹은 사람의 힘이나 압력과 같은 의미로 쓰였으며, 10세기 말부터 20세기 초에 의학과 생물학 분야에서 스트레스와 긴장이 질병의 원인으로 작용한다는 주장이 있었다(Hinkle, 1973). 스트레스에 대한 개념의 탐구를 위해서 좀 더 구체적인 연구나 주장을 살펴볼 필요가 있다. Bernard(1813~1878)는 인간이 생명 유지를 위해 인간의 내부 환경이 화학적·물리적으로 안정된 상태를 유지해야 한다고 했다. 생체가 살아가고 있는 주위나 외부의 환경이 변화가 심하고 많은 자극이 있음에도 생체 내부의 환경은 안정된 상태를 유지하고 있으며 이러한 내부 환경의 부동성이 생명을 유지하는 데 필요한 것이다. 그리고 이 내부 환경은 외부 환경과 서로 유동적으로 변하면서 평형을 유지한다는 동적 균형을 제시하였다. 이와 비슷하게 Cannon(1871~1945)은 '투쟁 아니면 도피(fight or flight)' 반응 즉, 싸움을 위한 교감신경과 안정을 위한 부교감 신경이 상황에 따라 서로 긴장과 억제를 통해서 심리적으로나 신체적으로 안정을 유지하려고 하며, 이러한 특성을 유기체 내의 항상성(homeostasis)이란 개념으로 제시하였다. 그는 유기체가 냉온도, 산소결핍, 그리고 저혈당 상태 등에 노출되었을 때 부신수질 계통과 교감신경 계통에서 나타나는 반응을 확인하고, 이것이 스트레스에 따른 반응으로 측정이 가능하다고 생각했다. 결국 Bernard와 Cannon은 생체가 외부의 자극에 대하여 항상 적절히 반응하여 생체계를 조절함으로써 항상성을 유지하게 된다고 보고, 이러한 외부로부터의 자극에 대해 항상성을 유지하기 위한 일련의 생체 반응을 스트레스로 보고 있는 것이다. 이후 1930년대 후반에 Hans

Selye가 동물 실험에서 박테리아, 독소, 외상, 열 및 냉온도와 같은 자극을 받은 동물이 뇌하수체와 부신피질에서 나타내는 반응을 살펴본바 자극에 관계없이 항상 일정한 증후가 나타나는 것을 보고 이를 일반적응 증후군(GAS: general adaptation syndrome)이라 하고 이는 비특이적(nonspecific) 스트레스에 의한 것이라 했다. 그 후 비특이적 스트레스에 의해 나타나는 스트레스 반응을 총칭하여 스트레스 상태라 부르게 되었다. Selye가 의학과 생리학 분야에서 최초로 스트레스 개념을 사용한 이래 사회심리학 분야에까지 확대되어 사용되기에 이르렀다(Lazarus & Folkman, 1984). 그리하여 지난 수십 년 동안 스트레스가 개인의 신체적·심리적 적응에 끼치는 영향에 대한 연구가 많이 이루어졌다(Russell, 1988). 이들 연구로 말미암아 스트레스가 생리적·심리적 적응에 미치는 영향에 대한 증거가 많이 나타나게 되었다. 이 과정에서 스트레스에 대한 정의나 개념이 다양하게 제시되었다. Caplan(1970)은 현재의 생활 스트레스와 투쟁하는 개인의 위기를 스트레스로 정의하였다. 이 정의에서는 스트레스란 개인의 현재 능력으로 감당할 수 없는 상황과 관련된다. Mandler와 Watson(1966)은 개인의 행동 계획이 방해받는 것이 스트레스 상황이라고 정의했다. 개인은 일정 계획에 따라 생활하는데 예기치 않은 행동의 방해로 말미암아 각성상태에 이르게 되고, 이것은 불안과 같은 정서반응을 일으킨다고 한다. Klein과 Linderman(1961)은 잠재적인 스트레스 상황을 3가지 범주로 요약했다. 첫째, 중요한 대인관계의 상실 혹은 상실의 위협이 되는 상황들, 둘째, 개인의 사회적 범주 속에 새로운 인물이 등장하는 상황들, 셋째, 성숙이나 성취 혹은 새로운 사회적 역할로 인한 사회적 지위나 역할관계가 변화되는 상황들이다. 스트레스를 바라보는 또하나의 관점은 Holmes와 Rahe에 의해서이다. 이들은 위협이 되는 환경적·심리적 조건을 스트레스원(stressor)이라 하고 이 요인에 의해 긴장이나 불안 등의 심리적 반응이나 생리적 반응이 뒤따르게 된다고 보았다(1976). 스트레스를 하나의 외적 자극으로 보는 관점이다. 삶의 현장 속에서 개인에게 다가오는 큰 변화들은 개인에게 적응을 요구하게 되고 이러한 적응의 과정에서 불안이나 긴장을 유발하게 된다는 것이다. 이와 달리 스트레스는 하나의 현상학적 실체로서 개인의 지각과 해석(평가)에 따라 달라진다는 개인적·주관적 측면이 강조되는 개념도 등장하게 되었다(Lazarus & Folkman, 1984). 아무리 큰 사건이나 변화가 온다 하더라도 개인에 따라 그 사건의 의미가 다르게 되므로 그 반응의 정도는 다르게 나타난다고 보는 입장이다. 학교운동장 열 바퀴를 뛰는 일은 달리기를 잘 못하는 초등학생에게는 큰 부담이 되지만 마라톤 선수에게는 별일이 아닌 일이다. 이와 같이 스트레스의 개념은 다양성을 띠고 있어 단순하지 않으므로 한마디로 정의하기가 쉽지 않다. 그러나 현재에 이르러서 스트레스의 개념은 일반적으로 세 가지 관점에서 설명되고 있다. 이 3가지 관점을 살펴봄으로써 스트레스에 대한 개념을 더 깊이 이해할 수 있을 것이다.

1) 반응으로서의 스트레스

스트레스에 대한 관점 중의 하나는 '반응으로서의 스트레스'이다.

이 모델에서는 스트레스란 생물학적·생리학적·감정적 또는 행동적 항상성 기능의 붕괴나 변경으로 정의된다. 이 정의의 고전적인 모델은 Selye(1956, 1984, 1993)의 일반적응 증후군이다. Selye는 여러 가지 유해한 자극(한랭, 척추절단, 약물 등)을 주었으나 그 반응은 이들 자극의 종류와 관계없이 항상 일정한 증후가 나타났으며 이들은 주로 부신비대나 흉선과 림프선의 위축, 그리고 위나 십이지장궤양 등이었다. 이와 같이 Selye는 어떤 것이든 외적 요구에 대한 생체계의 비특이적 반응(nonspecific reaction), 즉 적응을 요구하는 모든 자극에 대한 반응 상태(일반적응 증후군)를 스트레스로 보고 있다. 따라서 모든 사람은 항상 어느 정도의 스트레스를 갖고 있으며 심지어 잘 때까지도 심장이 뛰고, 폐는 숨을 쉬며, 뇌는 꿈을 꾼다고 하였다. 그래서 그는 사람이 살아 있는 한 스트레스에서 벗어날 수 없다고 했다. 그는 일반적응 증후군을 경계단계(alarm stage), 저항단계(resistance stage), 소진단계(exhaustion stage) 세 단계로 설명한다.

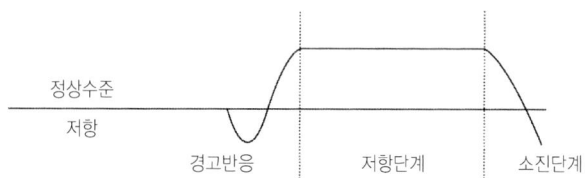

Selye, 1984, p.111.

〈그림 1-1〉 스트레스 반응의 3단계

경계단계는 두 가지 하위 단계로 구분된다. 그 첫째는 충격기 (shock phase)로서 유해 자극에 대한 최초의 즉각적인 반응단계이다. 이 기간에는 맥박이 빨라지고, 근육긴장도의 감소, 체온 저하, 혈압 저하 등의 증후가 나타난다. 둘째로 역충격기(countershock phase)로서 반동반응이 일어나는데 부신피질이 확대되어 부신피질 호르몬 분비가 증가한다. 이것 때문에 무기질 피질호르몬 뉴런의 흥분전도를 강화시키거나 체내의 단백질과 지방질을 포도당으로 전환시켜 당 피질호르몬으로 하여금 긴장상황에 대처하게 한다. 유기체가 생존하기 위해서는 저항단계로 들어가야 한다. 저항단계는 유기체가 스트레스에 최대한으로 적응하는 상태로서 이 기간 동안에 증상의 소멸이나 진전이 결정되는데, 경계단계에서는 저장된 지방질을 소비하지만 저항단계에서는 다량의 분비물을 피질에 쌓아 놓는다. 또 경계단계에서는 혈액농축, 저염소혈증, 이화작용 등이 일어나지만 저항단계에서는 혈액희석이나 염소혈증 및 동화작용 등의 현상이 일어난다. 그래서 적응력을 높이게 된다. 그러나 계속해서 유해자극에 노출되면 마지막 단계인 소진단계로 들어간다. 이는 유기체의 적응력이 제한되어 있기 때문이다. 소진이 심해지면 노화, 질병이 발생하고 심지어 사망에 이르게 된다.

이 모델에서는 반응을 일으키는 스트레스원(stressor)보다 특정한 생활자극에 대한 개인의 반응에만 기초하므로 생활사건에 대한 개인의 독립된 반응을 확인하거나 시험하지 않는다. 이러한 관점에 따라 스트레스를 측정하는 도구에는 다면적 인성 검사인 MMPI와 정신건강을 측정하는 SCL - 90 - R(Symptom Checklist - 90 - Revision), BDI(Beck Depression Inventory) 등을 들 수 있다(Derogatis & Coons, 1993). 이 중에서 참고적으로 간이정신건강진단검사(SCL - 90 - R)를 제시하면 다음과 같다. 이 검사는 Derogatis(1977)가 제작한 다차원 증상목록(Multidimensional self-report symptom inventory)을 우리나라 김광일 등(1984)이 우리 실정에 맞게 개정한 것이다. 이 검사는 9개 증상 차원 90문항으로 구성되어 있으며, 지난 7일 동안 경험한 증상의 정도를 '전혀 없다(0점)', '약간 있다(1점)', '웬만큼 있다(2점)', '꽤 심하다(3점)', '아주 심하다(4점)'로 체크하는 5점 Likert 척도이다. 전체 문항을 예시하면 다음과 같다.

〈표 1-1〉 간이정신건강 진단검사

1	머리가 아프다.	22	어떤 함정에 빠져 헤어날 수 없는 기분이 된다.
2	신경이 예민하고 마음의 안정이 안 된다.	23	별 이유 없이 깜짝 놀란다.
3	쓸데없는 생각이 머리에서 떠나지 않는다.	24	자신도 걷잡을 수 없이 울화가 터진다.
4	어지럽거나 현기증이 난다.	25	혼자서 집을 나서기가 두렵다.
5	성욕이 감퇴되었다.	26	자책을 잘한다.
6	다른 사람들이 못마땅하게 보인다.	27	허리가 아프다.
7	누가 내 생각을 조정하는 것 같다.	28	하고자 하는 일이 뜻대로 안 되고 막히는 기분이다.
8	다른 사람들이 나를 비난하는 것 같다.	29	외롭다.
9	기억력이 좋지 않다.	30	기분이 울적하다.
10	조심성이 없어서 걱정이다.	31	매사에 걱정이 많다.
11	사소한 일에도 짜증이 난다.	32	매사에 관심과 흥미가 없다.
12	가슴이나 심장이 아프다.	33	두려운 느낌이 든다.
13	넓은 장소나 거리에 나가면 두렵다.	34	쉽게 기분이 상한다.
14	기운이 없고 침체된 기분이다.	35	나의 사사로운 생각을 남이 아는 것 같다.
15	죽고 싶은 생각이 든다.	36	다른 사람들이 나를 이해 못 하는 것 같다.
16	다른 사람은 듣지 못하는 헛소리가 들린다.	37	다른 사람들이 나를 싫어하거나 나에게 불친절하다고 느낀다.
17	몸이나 마음이 떨린다.	38	매사에 정확을 기하느라고 일을 제때에 해내지 못한다.
18	사람들이란 믿을 것이 못 된다는 생각이 든다.	39	심장(가슴)이 마구 뛴다.
19	입맛이 없다.	40	구역질이 나거나 게운다.
20	울기를 잘한다.	41	내가 남보다 못한 것 같다.
21	이성을 대하면 어색하거나 부끄럽다.	42	근육통 또는 신경통이 있다.

43	다른 사람들이 나를 감시하거나 나에 관해서 쑥덕거리는 것 같다.	67	무엇을 때려 부수고 싶은 충동이 생긴다.
44	잠들기가 어렵다.	68	다른 사람에게는 없는 생각이나 신념을 갖고 있다.
45	매사에 확인하고 또 확인하고 해야만 마음이 놓인다.	69	다른 사람과 함께 있을 때는 나의 언행에 신경을 쓰게 된다.
46	결단력이 부족하다.	70	시장이나 극장처럼 사람이 많이 모인 곳에 가면 거북하다.
47	자동차나 기차를 타기가 두렵다.	71	매사가 힘들다.
48	숨쉬기가 거북하다.	72	공포에 휩싸이는 때가 있다.
49	목이 화끈거리거나 찰 때(냉함)가 있다.	73	여러 사람이 있는 곳에서 먹고 마시기가 불편하다.
50	어떤 물건이나 장소 혹은 행위가 겁나서 피해야 했다.	74	잘 다툰다.
51	마음속이 텅 빈 것 같다.	75	혼자 있으면 마음이 안 놓이거나 두렵다.
52	몸의 일부가 저리거나 찌릿찌릿하다.	76	다른 사람들이 내 공로를 인정하지 않는다.
53	목에 무슨 덩어리가 걸린 것 같다.	77	사람들과 함께 있을 때에도 고독을 느낀다.
54	장래가 희망적이지 않은 것 같다.	78	안절부절못해서 가만히 앉아 있을 수가 없다.
55	주의 집중이 잘 안 되는 것 같다.	79	허무한 느낌이 든다.
56	몸의 어느 부위가 힘이 없다.	80	낯익은 것도 생소하거나 비현실적인 것처럼 느낀다.
57	긴장이 된다.	81	고함을 지르거나 물건을 던진다.
58	팔다리가 묵직하다.	82	사람들 앞에 쓰러질까 봐 걱정한다.
59	죽음에 대한 생각을 한다.	83	그냥 놓아두면 사람들에게 내가 이용당할 것 같다.
60	과식한다.	84	성문제로 고민한다.
61	남들이 나를 쳐다보거나 나에 관해서 이야기할 때 불편해진다.	85	내 죄 때문에 벌을 받아야 한다.
62	내가 생각하는 것이 내 생각 같지가 않다.	86	무슨 일이든 조급해서 안절부절못한다.
63	누구를 때리거나 해치고 싶은 생각이 든다.	87	내 몸 어딘가에 병들었다고 생각한다.
64	새벽에 일찍 잠이 깬다.	88	늘 남과 동떨어져 있는 느낌이다.
65	만지고 셈하고 씻고 하는 것과 같은 행동을 반복하게 된다.	89	죄를 지었거나 잘못을 저질렀다고 느낀다.
66	잠을 설친다.	90	내 마음이 어딘가 이상하다고 생각한다.

9개 증상차원과 문항번호	
신체화 척도	1, 4, 12, 27, 40, 42, 48, 49, 52, 53, 56, 58
강박증 척도	3, 9, 10, 28, 38, 45, 46, 51, 55, 65
대인예민성 척도	6, 21, 34, 36, 37, 41, 61, 69, 73
우울증 척도	5, 14, 15, 20, 22, 26, 29, 30, 31, 32, 54, 71, 79
불안증 척도	2, 17, 23, 33, 39, 57, 52, 72, 78, 80, 86
적대감 척도	11, 24, 63, 67, 74, 81
공포불안 척도	13, 25, 47, 50, 70, 75, 82
편집증 척도	8, 18, 43, 68, 76, 83
정신증 척도	7, 16, 35, 62, 77, 84, 85, 87, 88, 90

* 부가 문항 19, 44, 59, 60, 64, 66, 89

그런데 반응으로서의 스트레스 관점에 있어서 스트레스를 생체의 기능 변화라고 보고 있지만 각개의 반응이 일정하지 않고 복잡하다는 것이다. 또 항상성 유지는 늘 도전을 받고 있으므로 심각한 경우를 제외하고는 일상생활의 반응과 스트레스 반응을 구분하기 어렵고, 똑같은 스트레스 반응이라 하더라도 서로 다른 원인에 의해 유발될 수도 있어 그 원인을 구분하기 어렵다는 한계점이 지적되고 있다.

2) 자극으로서의 스트레스

자극으로서의 스트레스(stress as stimulus) 관점에서는 스트레스를 어느 정도 객관적인 물리적 위협이나 심리적 위협이 존재하는 환경조건으로 정의하는 입장이다(Dobson, 1982). 즉, 스트레스는 개인의 활동이나 특성과는 관계없이 발생하며 객관적으로 상세히 기술될 수 있는 성질을 가진 자극으로 보는 입장이다. 따라서 개인은 스트

레스에 대한 반응적인 존재이며 스트레스의 영향에 대한 개인의 민
감성에는 차이가 없다는 전제를 갖는다. 이 모델에 내재된 가정은
이러한 외적 자극이나 사건이 개인으로 하여금 부적응에 이르게 하
는 불안이나 분노, 그리고 우울증을 일으킨다는 것이다. 이때의 자
극이 곧 스트레스원(stressor)이다. 이 모델은 생활사건(life event)과
스트레스에 관한 연구의 대부분에서 시용하고 있는 모델로서 Holmes
와 Rahe(1967)의 연구가 대표적이다. 이들은 개인이 겪게 되는 생활
사건은 긍정적이든 부정적이든 관계없이 개인으로 하여금 일상생활
의 변화와 적응을 요구하게 된다고 보고 적응이 요구되는 것은 곧
스트레스를 의미하므로 각 개인에게 일어난 생활사건을 조사하여
개인이 재적응하는 데 필요한 적응의 정도를 확인함으로써 개인의
스트레스 양을 측정하고자 하였다. 실제로 5,000명 이상의 환자로부
터 질병과 관련된 생활사건을 보고하게 하여 수집하고, 결혼이라는
항목을 임의적으로 500이라는 값을 부여하고 그 이외의 사건은 결
혼에 부여된 값과 비교하여 적응량을 추정하였다. 이것을 생활변화
단위(LCU: life change units)라 불렀다(<표 1-2> 참조).

<표 1-2> 사회재적응 척도

사회재적응 척도

생활사건	생활변화량	생활사건	생활변화량
배우자의 사망	100	직장에서의 책임변화	29
이혼	73	자녀가 집을 떠남	29
배우자와 별거	65	처가/시댁 식구와의 문제	29
교도소 복역	63	현저한 개인적 성취	28
가까운 가족의 사망	63	아내가 일을 시작 또는 중단	26
상해 혹은 질병	53	학교 입학이나 졸업	26
결혼	50	생활조건의 변화	25

생활사건	생활변화량	생활사건	생활변화량
해고	47	습관의 변화	24
배우자와의 화해	45	상사와의 불화	23
정년퇴직	45	업무시간이나 조건의 변화	20
가족의 건강상의 변화	44	이사	20
임신	40	전학	20
성생활 문제	39	여가활동의 변화	19
새로운 가족이 생김	39	교회활동의 변화	19
취업 혹은 사업의 시작	39	사회활동의 변화	18
경제사정의 변화	38	수입에 맞는 저당이나 대부	17
가까운 친구의 죽음	37	수면시간의 변화	16
다른 종류의 직무로 전환	36	가족모임 횟수의 변화	15
부부싸움 횟수의 변화	35	식생활의 변화	15
수입을 초과하는 저당이나 대부	31	휴가	13
저당물의 권리상실	30	크리스마스	12
		사소한 법률위반	11

Holmes & Rahe(1967)

이러한 생활사건 가운데 개인이 지난 2년 동안 경험했던 사건을 확인하고 이 사건들의 생활변화 단위를 모두 합산하여 둘로 나누어 1년간의 개인의 재적응 양이 나오게 된다. 결국은 재적응 양의 점수가 높을수록 질병 발생률이 높아지게 되는데 다음의 표와 같이 해석하게 된다.

총점	병에 걸리거나 심신이 상처를 입을 확률	스트레스에 대항하는 능력
150~199	낮다(9~33%)	높다
200~299	중간(30~52%)	중간 정도
300점 이상	높다(50~86%)	낮다(취약하다)

사회재적응 척도에 의한 스트레스 순위와 생활변화량은 고정된

것이 아니고 환경에 따라 변화를 보인다. 고경봉(2002, p.7)이 제시한 아래 표를 보면 우리나라와 미국 간의 차이, 시간의 흐름에 따라 변화하는 모습을 알 수 있다.

〈표 1 - 3〉 한국과 미국의 생활스트레스 인자들의 스트레스 순위 및 점수

생활사건	한국(1981년)		미국(1978년)		미국(1994년)	
	순위	점수	순위	점수	순위	점수
배우자의 죽음	1	73	1	105	1	123
가까운 가족의 죽음	2	66	2	73	3	94
이혼	3	63	4	62	2	100
부부간 별거 후 재결합	4	54	17	42	12	59
별거	5	51	8	52	4	82
해고	6	50	3	64	6	79
가까운 친구의 죽음	7	50	15	46	8	71
결혼	**8**	**50**	**10**	**50**	**19**	**50**
교도소 수감생활	9	49	6	57	7	74
상해 및 질병	10	44	16	42	5	80
사업의 재조정	11	43	21	38	10	64
정년퇴직	12	41	11	49	16	55
임신	13	37	5	60	9	66
자녀가 집을 떠남	14	36	36	29	22	45
가족 수의 증가	15	36	14	47	13	58
가족의 병	16	35	9	52	14	58
현저한 개인적 성취	17	35	25	33	27	39
1,000만 원 이상의 저당	18	35	18	39	23	44
인척간 갈등	19	34	34	29	28	38
개학, 종강/입학, 졸업	20	34	28	32	29	38
전직 및 부서 이동	21	34	22	38	17	52
저당 및 대부의 자격 상실	22	34	7	57	11	63
성생활 문제	23	33	12	49	21	45
직책의 변경	24	32	32	30	24	43
상사와의 불화	25	31	20	39	32	30
아내가 일을 시작 또는 중단	26	31	23	37	20	48

생활스트레스 인자들의 스트레스 순위 및 점수						
생활사건	한국(1981년)		미국(1978년)		미국(1994년)	
	순위	점수	순위	점수	순위	점수
직장 근무시간 또는 근무조건 변화	27	31	27	33	31	36
경제상태의 변화	28	30	13	48	15	57
교회활동의 변화	29	29	35	29	42	22
주거환경의 변화	30	29	19	39	25	42
이사	31	29	26	33	26	40
부부간 싸움	32	29	24	34	18	51
개인적 습관의 변화	33	26	30	31	36	27
가족 동거인 수의 변화	34	26	41	26	39	27
수면습관의 변화	35	25	31	31	40	26
1,000만 원 미만의 저당 및 대부	36	25	42	26	35	28
식사습관의 변화	37	25	38	29	37	27
취미생활의 변화	38	25	30	30	34	28
전학	39	24	39	28	30	36
사회활동의 변화	40	23	40	28	38	27
경미한 법률위반	41	22	29	32	43	22
휴가	42	21	37	29	41	25

그런데 이 관점에서 보면 스트레스 자극을 개체와 관련 없는 객관적이고 독립적인 것이라 하나 개인에 따라 특수한 반응을 보이기도 하고 자극에 대한 개인의 민감성에도 차이가 있을 수 있으므로 동일한 생활사건에 대해 개인에 따라 적응량이 다를 수 있음을 설명할 수 없다.

3) 상호작용으로서의 스트레스

상호작용으로서의 스트레스 관점에서는 개인과 환경 사이의 상호작용의 결과로서의 스트레스에 초점을 둔다. 이 모델에서는 환경

내의 자극에 대해 매개체로서의 요인은 환경의 자극요소와 그 반응을 직선적으로 매개할 뿐만 아니라 개인의 지각, 인지 및 스트레스에 대한 대처 능력 등이 환경의 주요한 부분이 되어 역동적으로 상호작용한다는 것이다. 따라서 이 모델에서는 실제로 일어나는 스트레스 생활사건과 이 생활사건에 대한 개인의 인지적 평가 사이에 일어나는 역동적이고 상호 작용적인 과정을 강조한다(양병환, 1991). 그래서 환경에서 일어나는 사건은 개인이 그 사건을 평가하고 동시에 자신의 자원을 평가하여 위협적인 것을 인식할 때 그 사건은 스트레스 요인이 되는 것이다. Lazarus와 Folkman(1984)은 상호 작용적 개념에 부합된 인지적인 스트레스 이론을 전개했는데, 이들의 이론에 따르면 인지적 평가는 일차 평가와 이차 평가로 이루어지며, 개인에 대하여 환경에서 일어나는 사건의 의미를 계속적으로 평가 판단하는 계속적인 체계로 설명한다. 스트레스 생활사건이 발생하면 일차 평가에서는 사건이 그 자신의 안녕에 어떤 의미를 주는지를 평가한다. 일차 평가에서는 ① 무관한 평가, ② 온건, 긍정적인 평가, ③ 스트레스 평가의 세 가지로 구분된다. 무관한 평가는 스트레스 생활사건이 개인의 안녕에 관련이 없어 아무런 의미가 없을 때에 내려지는 평가다. 온건, 긍정적 평가는 생활사건이 긍정적으로 해석될 때, 즉 안녕을 유지하거나 고양시킬 때 일어난다. 끝으로 스트레스 평가는 생활사건이 개인의 안녕에 부정적 영향을 끼친다고 지각할 때이다. 이 스트레스 평가는 위해 · 상실(harmful - loss), 위협(threat), 도전(challenge)을 포함한다. 여기서 '위해 · 상실'은 이미 일어난 사건(죽음, 이혼 등)에 따른 위해나 상실을 뜻하고, '위협'은 아직 발생하지는 않았으나 예상되는 해로움이

나 상실과 관계가 있다. '위해·상실'은 이미 발생한 경우에도 항상 위협과 관련된다. '도전'은 장래에 극복할 수 있다는 잠재성을 포함하며 스트레스의 부정적 영향이 가장 적다. 도전과 위협은 모두 대처노력을 동원한다는 점에서 공통점이 있으나 그 차이점은 도전 평가가 생활사건에 포함된 이득이나 성장 잠재력에 초점을 두며, 열의, 흥분 및 흥겨움과 같은 쾌 정서로 특징지어진다.

이차 평가는 일차 평가를 통하여 내려진 위협적인 생활사건에 대하여 무엇이 문제이고 무엇을 할 수 있는가를 고려하는 과정이다. 위협적인 생활사건에 대하여 해 볼 수 있는 모든 자원을 찾아내어 어떤 대처 선택안이 가능한가를 고려하고, 그 선택안이 하려고 했던 것을 달성할 가능성을 고려하는 복잡한 평가 과정이다. 따라서 이차 평가가 스트레스의 지각 정도를 결정하는 데 중요한 관건이 된다.

이차 평가로 인해 스트레스를 지각하게 되면 이에 대처하게 되는데, 대처란 개인의 자원에 부담이 되거나 이를 초과하는 것으로 평가되는 특수한 내적·외적 요구를 다스리기 위하여 부단히 변화되는 인지적·행동적 노력이다(Lazarus & Folkman, 1984). 이 단계에서는 행동적 반응과 함께 재평가 내지는 상황의 재정의가 이루어진다. 인지적 스트레스 이론가들은 아래 인지적 스트레스 모델과 같이 스트레스 사건과 심리적 위해(부적응 혹은 건강) 사이의 과정을 일차 평가와 이차 평가가 인과 관계로 연결된 스트레스 모델을 보통 인용한다.

Kleckler, 1993, p.12.

〈그림 1-2〉 인지적 스트레스 모델

위 과정에서 스트레스 사건은 부적응 반응과 직접 연결되지 않고 개인의 스트레스 사건의 지각과 이에 효과적으로 대처할 수 있는 개인의 사용 가능한 자원에 의하여 조절된다.

예를 들어, 개인이 자신의 생활에서 큰 변화나 사건이 발생하면 (잠재적 스트레스 사건), 일차 평가를 통해 자신의 신체적·심리적 건강에 해로운 위협, 즉 스트레스로 평가를 내린다. 다음에 이 위협적인 스트레스에 대처하기 위해 사용 가능한 자원을 찾으며(이차 평가), 그 결과 완전한 스트레스 요인으로 평가를 내린다(스트레스로 평가된 사건). 이 단계에서 직접 개인의 스트레스에 대한 정서적·행동적·생리적 대처 반응과 연결되고(대처반응), 적응과 부적응의 결과를 나타낸다(적응수준). 여기서 개인이 잠재적 스트레스 사건에 대처할 수 있는 적절한 자원이 있으면 스트레스의 부정적 영향을 더 적게 받게 된다. 이 과정은 환경의 자극과 이 자극에 대한 개인 특유의 지각과 평가 경향 사이의 상호작용을 설명해 주고 있다. 이렇게 보면 스트레스 사건의 위협 정도를 지각하는 데 있어서 나타내는 개인차가 생활 속에서 나타내는 스트레스가 주는 영향에 차이를 가져온다. 결국 상호 작용적 관점에서의 심리적 스트레스는 개인이 가진 자원에 부담이 되거나 초과되면, 개인의 안녕을 위협한다고 평가되는 환경과 개인 사이의 특정한 관계이다(Lazarus &

Folkman, 1984). 즉 개인의 내적·외적 요구에 대하여 자신이 가진 자원으로 대처하기가 부담스럽거나 불가능할 때 스트레스를 경험하게 되는 것이다. 어떤 문제가 발생했을 때 이 문제가 다른 사람에게는 그 해결이 어렵고 힘들다 하더라도 자신에게는 큰 어려움이 예상되지 않는다면 스트레스에 빠질 수가 없는 것이다. 반대로 일반적으로 작은 사건이나 문제라 하더라도 자신이 해결하기 어렵거나 곤란을 느낀다면 그 사건이 주는 스트레스 양은 커지게 마련이다. 그러므로 생활사건에 대한 개인적 평가를 통한 주관적 지각정도가 곧 개인의 스트레스의 양이 된다. 상호작용으로서의 스트레스 척도에는 JAS(Jenkins Activity Survey: Jenkins, Rosenman & Friedman, 1967), DSP(Derogatis Stress Profile: Derogatis, 1987) 등이 있다. 그러나 이 관점에 따른 스트레스의 측정은 개인의 인지과정이 복잡하고 주관적이어서 객관성의 유지가 어려운 단점이 있다.

　요컨대, 스트레스는 자극으로서의 스트레스, 반응으로서의 스트레스 및 상호작용으로서의 스트레스의 세 가지 관점에서 주로 이해되고 있다. 그런데 이러한 관점을 전체적으로 조망해 보면 인간의 스트레스 경험은 자극에서 반응에 이르기까지 전 과정을 포괄하고 있으므로, 이 개념들은 스트레스 사건이 질병을 일으키는 일련의 과정에서 어느 것을 강조하느냐에 따라 구분할 수 있는데, 스트레스를 일으키는 사건(자극)이나 이 사건에 따른 반응, 그리고 스트레스 상황에 대한 개인의 인지적 평가를 스트레스의 중심적 특성으로 각각 강조하는 면에서 구분할 수 있다(Cohen, Kessle & Gordon, 1995). 한편 Cohen, Kessler와 Gordon(1995)은 여러 가지 관점을 통합한 스트레스 모델을 다음의 그림과 같이 제시한다.

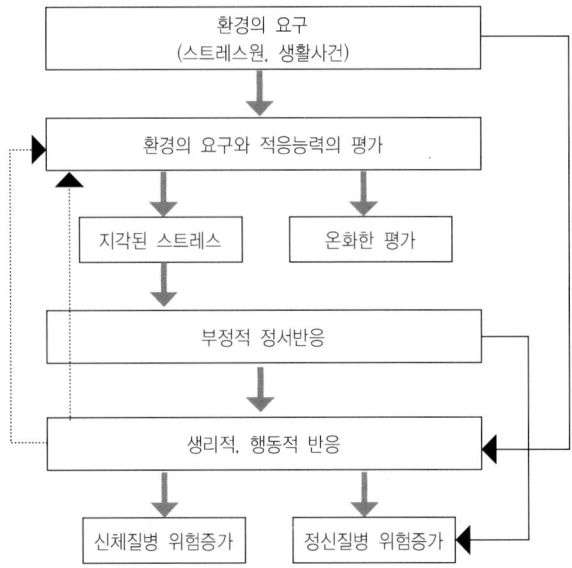

〈그림 1-3〉 스트레스 측정을 위한 환경적, 심리적, 생물학적 접근의
잠재적 통합을 설명하기 위하여 설계된 스트레스 과정의 탐구적 모델

굵은 화살표를 따라 설명하면 개인이 환경적 요구(environment demand)에 직면하게 되면 잠재적으로 위협을 갖고 있는 그 환경적 요구에 대처할 만한 능력을 갖고 있는지를 평가하게 된다. 만약 이 환경적 요구가 부담을 요구하거나 위협이 되며, 동시에 자신이 가진 대처자원이 부적절하다고 보게 되면 자신들이 스트레스에 놓여 있다고 지각하게 된다. 즉 스트레스를 지각하게 된다. 지각된 스트레스는 부정적 정서반응 상태에 이르게 만든다. 만약 스트레스가 큰 경우라면 부정적 정서는 직접적으로 정신질병 발생에 양향을 줄 수 있다. 이 부정적 정서는 생리적 혹은 행동적 반응을 일으키고, 신체적 질병이나 정신질병의 위험에 놓이게 만든다. 여기서 피

드백 선을 보면 정서적 반응은 평가에 영향을 미칠 수 있고, 또 생리적 혹은 행동적 반응 역시 정서적 반응이나 평가에 영향을 주게 된다. 그리고 환경적 요구가 직접적으로 생리적 혹은 행동적 반응을 불러일으킬 수 있다.

스트레스 연구에서 연구자들은 스트레스를 측정할 때 어느 관점에 서느냐에 따라 스트레스 측정방법이 다를 수밖에 없다. 그러므로 연구자들은 연구목적에 따라 관점을 채택하게 된다(Aldwin, 1994). 그런데 최근 연구자들은 인지과정을 중시하는 상호 작용적 관점에 많은 관심을 갖는다. 이것은 스트레스에 대하여 일반적으로 자극이나 반응에만 기초하지 않고 개인의 중개적인 인지과정을 중시하는 인지적 접근이 보편적으로 받아들여지고 있으며(황정규, 1990), 인간의 실제 스트레스 경험은 스트레스 유발 자극과 반응의 양 측면을 모두 포괄하고 있는 과정적 정의가 의미 있다고 보기 때문이다(정동화, 1995; Monroe & Kelly, 1995).

4) 긍정적 스트레스와 부정적 스트레스

일반적으로 스트레스라 하면 나쁜 것으로만 생각하는데 스트레스는 우리에게 좋은 영향을 주는 긍정적 스트레스도 있다. Selye (1974)는 이를 구분하여 긍정적 스트레스(eustress)와 부정적 스트레스(distress)라는 용어를 제시하였다(Rice, 1992에서 재인용). 긍정적 스트레스는 결혼식 참석, 흥미진진한 스포츠 경기의 결과 예측, 연극공연과 같은 것이 그 예이다. 긍정적 스트레스는 우리에게 좀 더 활력을 주거나 좀 더 주의력을 기울이게 만들고 인지적, 행동적 수행을 제고시킨다. 다음 그림의 Yerkes-Dodson 곡선(Rice, 1992, p.5)에서 보듯 적절한 스트레스는 개인에게 극복할 수 있다는 기대에 따라 도전감을 갖게 하여 오히려 생활에 활력을 주고 잠재적 능력을 높일 수 있다. 따라서 긍정적 스트레스는 건설적이고 생산적인 결과를 낳는다. 이와 달리 Selye(1974)는 부정적 스트레스를 "손상 혹은 불쾌한 스트레스(damage or unpleasant stress)"라고 설명하였다. 이 말의 뜻은 불안, 두려움, 걱정, 흥분 상태와 같은 것이라고 하였다. 따라서 부정적 스트레스는 그 반응이 건강하지 못하고 부정적인 결과를 가져와 부정적이고 고통스러우며 회피하고 싶은 일 등을 경험하게 된다. 우리가 흔히 스트레스라고 할 때는 주로 부정적 스트레스를 말하는 경우가 많다. 이 외에 스트레스는 과도한 스트레스(hyper stress)와 과소한 스트레스(hypostress)로 나눌 수도 있다.

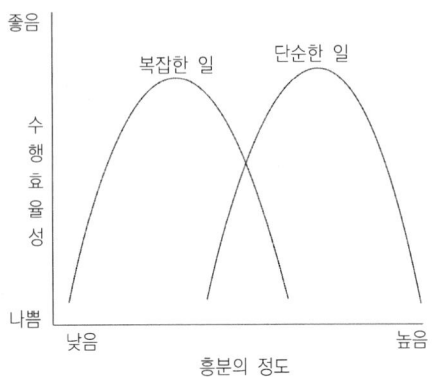

Rice, 1992, p.5.

〈그림 1-4〉 Yerkes-Dodson 곡선

〈참고문헌〉

고경봉(2002). 스트레스와 정신신체의학. 서울: 일조각.

김광일, 김재환(1984). 간이정신건강 진단검사. 중앙적성출판부.

양병환(1991). 스트레스의 개념. 한양대학교 정신건강연구소. 정신건강연구, 10, 1 - 9.

정동화(1995). 아동의 학교스트레스와 그에 따른 부적응에 대한 사회적 지지의 완충효과. 고려대학교 대학원 박사학위논문.

정동화(1997). 스트레스에 대한 아동과 청소년의 탄력성. 고려대학교 교육문제연구소. 교육문제연구 제9집, 205 - 223.

최태진, 강병조(1981). 한국에서의 사회재적응 평가척도에 관한 예비적 연구. 신경정신의학, 20, 131 - 146.

황정규(1990). 한국학생의 스트레스 측정과 형성. 서울대학교 사대논총, 41, 25 - 63.

Aldwin, C. M.(1994). Stress, coping, and development - an integrative perpective, New York: The Guilford Press.

Cannon, W.(1933). The wisdom of the body. New York: Norton.

Cannon, W.(1934). The significance of emotional level. Scientific Monthly, 38, 101 - 110.

Caplan, G.(1970). The theory and practice of mental health consultation. New York: Basic Books.

Caplan, R. D.(1975). A lessheretical view of life change & hospitalization. Journal of Psychosomatic Research, 19, 247 - 250.

Chiriboga, D. A.(1977). Life event weighting systems: A comparative analysis. Journal of Psychosomatic Research, 21, 415 - 422.

Cohen, S., Kessler, R. C., & Gordon, L. U.(1995). Measuring stress. New York: Oxford University Press.

Derogatis, L. R., & Coons, H. L.(1993). Self - report measures of stress. In L. Goldberger & S. Breznitz(2nd eds.), Handbook of stress - Theoritical and clinical aspects(pp.200 - 233). New York: Macmilan, Inc.

Dobson, C. B.(1982). Stress - The hidden adversary. England Lancaster: MTP Press Ltd.

Hinkle, L. F.(1973). The concept of stress in the biological and social sciences. Science, Medicine, and Man, 1, 31 - 48.

Holmes, T. H.(1979). Development and application of a quantitative measure of life change magnitude. In J. E. Barrett, R. M. Rose, & G. L. Klerman(Eds.), Stress and mental disorder. New York: Raven Press.

Holmes, T. H., & Masuda, M.(1974). Life change and illness susceptability. In B. S. Dohrenwend & B. P. Dohrenwend(Eds.), Stressful life events: Their nature and effects(pp.45 − 72). New York: Wiley.

Holmes, T. H., & Rahe, R. H.(1967). The social readjustment rating scale. Journal of Psychosomatic Research, 11, 213 − 218.

Jenkins, C. D., Rosenman, R. H., & Friedman, M.(1967). Development of an objective psychological test for the determination of the coronary − prone behavior pattern in employed men. Journal of Chronic Diseases, 20, 371 − 379.

Kleckler, D. M.(1993). Perceived social support and stress among adolescents: A test of the stress buffering hypothesis. Unpublished doctoral dissertation, Nothern Illinois University, Dekalb, Illinois.

Klein, D. C., & Linderman, E.(1961). Preventive intervention in individual and family crisis situation. In G. Caplan(Ed.), Prevention of mental disorders inchildren. New York: Basic Books.

Lazarus, R. S., & Folkman, S.(1984). Stress, appraisal, and coping. New York: Springer.

Monroe, S. M., & Kelly, J. M.(1995). Measurement of stress appraisal. In S. Cohen, R. Kessler, & L. U. Gordon(Eds.), Measuring stress: A guide for health and social scientists(pp.122 − 147). New York: Oxford University Press.

Rice, P. L.(1992). Stress & Health(2nd Edition). Belmont, California: Brooks/Cole Publishing company.

Russell, M. L.(1988). Stress management for chronic disease. New York: Pergamon Press.

Selye, H.(1951). The stress of life. New York: McGraw − Hill, Inc.

Selye, H.(1956). The stress of life(revised edition). New York: McGraw − Hill, Inc.

Selye, H.(1984). The stress of life(revised edition). New York: McGraw − Hill, Inc.

Selye, H.(1993). History of the stress concept. In L. Goldberger & S. Breznitz(Eds.), Handbook of Stress(2'nd edition)(pp.7 − 17). New York: The Free Press.

스트레스의 원인(Sources of Stress)

스트레스를 일으키는 것들을 스트레스원(stressor)이라 하고 스트레스 유발자, 스트레스의 근원 등으로 불린다. 스트레스원은 가정, 직장, 학교 등 인간의 삶의 모든 영역에서 발생한다. 스트레스 연구자들은 인간에게 일어나는 여러 가지 생활사건들이 스트레스를 일으키고 그 결과로 여러 가지 질병을 비롯한 여러 반응을 일으킨다고 보고 이를 연구하였다.

1. 생활사건(Life Event) 스트레스 척도

생활사건이 스트레스를 일으키고 이로 인하여 질병이 발생한다는 사실은 1930년대 Meyer가 입원환자의 의학적 진단을 위해 생활기록표(life chart)를 이용하면서 주목되기 시작했다. 이 기록표에는 습관의 변화, 학교생활에서 이루어지는 입학, 졸업, 변화나 실패, 가족의 출생이나 죽음과 같은 기본적으로 환경적인 사건들이 들어 있었다(Dohrenwend et al., 1993). 이후에도 생활사건과 질병과의 관련성에 대한 연구가 이루어져 왔으며 1957년 Hawkins와 그의 동료들이 Meyer의 생활기록표를 체계화하여 최근 생활경험표(the schedule of recent experiences: SRE)를 만들어 생활사건과 심장질병, 피부질환 및 여러 질병과의 관련성을 밝히려는 연구에 이용하였다(Cohen, Kessler & Gordon, 1995). SRE에 뒤이어 Holmes와 Rahe (1967)에 의해 43개 생활사건으로 구성한 사회재적응척도(the social readjustment rating scale: SRRS)가 나옴으로써 본격적인 생활사건 스트레스 척도가 등장한 셈이었다. Holmes와 Rahe는 500명 이상의 환자로부터 질병발생과 관련된 사건을 보고하게 하여 생활사건을 수집하였고, 결혼이라는 항목을 임의적으로 500이라는 값을 부여하고 그 이외의 사건은 결혼에 부여된 값과 비교하여 적응량을 추정하였다. 이것을 생활변화단위(life change unit: LCU)라 하고 개인이 보고하는 생활사건의 LCU를 모두 합하여 전체 스트레스 양을 측정하였다. Holmes와 Rahe는 개인이 경험한 사건들은 긍정적, 부정적 사건에 관계없이 일상적인 생활에 변화와 적응이 요구되는 것으로 보고 적응이 요구되는 것은 곧 스트레스를 의미하므로 각 사건들이 개인이 재적응하는 데 필요한 생활변화단위를 구하게 되었다. 이러한 개념은 생활사건의 부정적, 긍정적 측면보다 생활변화 정도에 더 크게 중점을 두었다. Holmes와 Rahe의 SRRS가 나온 이후 생활사건 스트레스와 스트레스에 따른 질병 간의 관계를 확인하기 위한 연구가 확산되었는데, Sarason, Johnson 및 Siegel(1978)에 의하면 여러 연구(e.g., Rahe & Lind, 1971; Dohrenwend & Dohrenwend, 1974; Holmes, 1970; Rahe, 1968; Wyler, Masuda & Holmes, 1971)에서 생활변화와 신체질병 간의 관계를 확인하였다. 그러나 1970년대 초 SRRS의 구성이나 점수방식과 다른 새로운 시도들이 나타나기 시작하였다. Paykel, Prusoff 및 Uhlenhuth(1971)는 Holmes와 Rahe와 다르게 생활사건이 일어나면 심리적, 정서적으로 고통이 생기므로 스트레스는 정서적 고통(distress)과 불쾌(upset)의 정도로 나타내어야 한다고 주장하며 Thurstone의 유사동간법을 이용한 척도에 정신과 환자 373명을 대상으로 추출한 61개 생활사건을 항목으로 생활사건 척도를 만들었다. 특히 주목할 것은 평정에 있어 주관적인 요소가 도입된 점이었다. Sarason, Johnson 및 Siegel(1978)은 생활재적응 척도에 주관적 요소를 도입하여 개인 자신이 경험한 사건의 스트레스 정도를 평정하도록 만들었다. 이는 피험자 자신의 생활사건에 대한 민감도를 나타내는 것으로 똑같은 생활사건이라 하더라도 개인에 따라 적응량이 다를 수 있다고 보고 그 개인차를 측정량에 나타내게 한 방법이었다. 여기에 면접법까지 도입되었다. Brown과 Harris(1978)는 면접법을 개발하여 스트레스 사건이 일어난 후 전후 맥락을 살펴 사건의 중요한 정도를 검사자가 평정하는 방식으로 개인의 주관적 반응을 배제하고 일반적인 보통 사람의 구체적인 상황 속에서 사건의 영향을 측정하려는 시도였다.

이 시기에 나타난 또 한 가지 사실은 이때까지의 생활사건 스트레스 척도는 사람들의 생활에서 겪게 되는 생활사건을 제대로 포함하지 못한다고 보고 생활사건의 범주를 확대시킨 점이었다(Dohrenwend, Askenasy, A. R., Krasnoff, & Dohrenwend, 1978). 그리하여 아동용(e.g., Sandler & Ramsay, 1980), 청소년용(e.g., Newcomb, Huba, & Bentler, 1981), 성인용(e.g., Murrell, Norris, & Hutchins, 1984)이 나오게 되었다(Cohen, Kessler & Gordon, 1995). 스트레스 생활사건은 변화 그 자체이며 개인에게 새로운 적응을 요구하고 그 효과가 누적된다는 SRRS의 기본가정과는 달리 새로운 척도들은 스트레스 요인들의 다차원적 개념에 바탕을 두고 스트레스 생활사건의 위협의 정도, 상실, 위험 및 기타 여러 측면의 정도까지 측정하게 되었다(Brown & Harris, 1978). 중요한 점은 새롭게 개발되는 방법들이 계속하여 스트레스 생활사건이 정신 및 신체 질환에 미치는 영향을 중시하였으며, 여러 생활사건의 경험으로 인한 누적효과(McGonagle & Kessler, 1990)와 동일 상황에서 만성적으로 경험하게 되는 생활스트레스의 연합적 효과(joint effect)에 대해서도 관심을 기울였다(Wheaton, 1990). 1980년대에는 개개의 생활사건이 단기간 건강에 미치는 영향보다 장기간에 걸쳐 건강에 영향을 미치는 스트레스 요인에 대하여 관심을 기울였다. 직무스트레스(Neilson, Brown, & Marmot, 1989), 결혼생활의 갈등(Beach, Sandeen & O'Leary, 1990) 및 일과 가정의 갈등(Eckenrode & Gore, 1990) 등이 이때 이루어진 연구내용들이다. 또 이때까지 스트레스 생활사건은 비교적 크고 생활 속에서 큰 변화를 가져오는 생활사건들에 관심을 둔 데 비해 사소한 사건도 누적되거나 연합되면 개인에게 스트레스를 일으키게 된다고 보고 사소한 생활사건 척도가 나오게 되었다. Kanner, Coyne, Schaefer와 Lazarus(1981)에 의해 일상생활의 사소한 생활사건 척도(hassles scale)가 나왔는데, 이 척도는 일, 건강, 친구, 환경, 실제적으로 생각해야 할 일 및 기회의 발생 등에 포함된 117개의 사소한 사건 항목으로 구성되어 있다. 구체적인 항목 내용을 보면 물건을 잘못 두거나 분실한 일, 신체능력의 저하, 가족을 위한 시간 부족, 빚진 돈 및 공해 등이 그 예이다. 이 척도는 피험자 자신이 경험한 생활사건에 대하여 그 정도를 스스로 평정케 하고 경험한 전체 항목 수, 경험한 항목의 심각성 정도와 총합, 그리고 이 총합을 경험한 항목 수로 나누어서 구한 스트레스 강도(intensity)의 3가지 점수를 구하였다. 이와 같이 생활사건이 스트레스의 원인이 된다는 생각 아래 스트레스를 측정하기 위한 다양한 생활사건 척도가 발달해 왔다. 그리고 이러한 생활사건은 연구자에 따라 여러 가지로 구분되게 되었다.

2. 생활사건의 유형

생활사건 스트레스 척도의 발달을 살펴보면 여러 가지 유형의 생활사건이 있음을 알 수 있다. 생활사건을 규정하는 것은 간단한 일이 아니다. 왜냐하면 생활 속에서 일어나는 사건은 각기 맥락과 조건과 상황이 다르기 때문이다. 어떤 사건은 갑작스럽게, 또 어떤 사건은 장기간에 걸쳐 서서히 스트레스를 제공한다. 따라서 연구자들은 생활사건의 특징에 따라 몇 가지 유형으로 나누어 설명한다.

Herbert와 Cohen(1996)은 "생활사건이란 배우자 혹은 자녀의 죽음, 실직, 이혼과 같이 정상적인 수준 이상으로 적응적인 요구를 증가시키는 데 충분히 영향을 미칠 수 있는 환경적인 사건"으로 정의하였다. 또 Tuner와 Wheaton(1995)은 부정적인 생활변화 혹은 이 변화에 수반되는 개인에게 바람직하지 않은 요구나 위협은 일반적으로 개인에게 스트레스를 경험하게 만든다고 본다면 생활사건 스트레스는 원리상 분리되고, 관찰 가능한 환경적, 사회적 변화라는 특성을 가지며 이에는 분리성, 관찰 가능성, 생활사건 자체의 시간 제한적인 과정이라는 3가지 속성을 제시했다. 즉 생활사건이란 다른 사건과 구분될 수 있고, 관찰할 수 있으며, 일정한 시간 범위를 갖고 있는 생활 속의 사건들로 볼 수 있다. Pearlin(1989)은 개인생활의 구조적인 맥락에 주목해야 할 필요성을 제시했다. 그는 스트레스 생활사건은 개인생활의 맥락 속에서 이루어지는 경험 속에서 발생한다는 것이다. 이런 관점은 개인이 경험하는 스트레스 생활사건의 차이는 개인생활의 동시대적이고 발달적인 조건에 따라 생기게 된다. 이와 비슷하게 Aneshensel(1992)은 스트레스를 하나의 독립된 위험요인으로 보지 말고 사회적 조건이나 목표와 관련지어 생각할 것을 주장하였다. 그녀는 체계적인 스트레스 요인과 우연적인 스트레스 요인의 두 가지로 구분하였다. 우연적인 요인은 사회적 지위나 경험과는 별개의 사건으로 발생 가능성이 일정하지 않으며 건강에 미치는 영향 또한 다른 것으로 가족의 죽음이나 유산과 같은 것이 그 예들이다. 체계적인 스트레스 요인은 사회적 지위나 소속된 사회집단과 관련된 것으로 실직, 사회복지의 유지, 이혼 등이 그 예들이다. 이와 같이 생활사건에 대한 개념이 다양하게 제시되고 있으나 지금까지 연구에서 개념화되어 사용되고 있는 생활사건 유형들이 있다. Aldwin(1994)은 이들의 특징을 심각성(severity)의 정도와 지속기간이라는 두 차원에 바탕을 두고 그 특징을 설명한다.

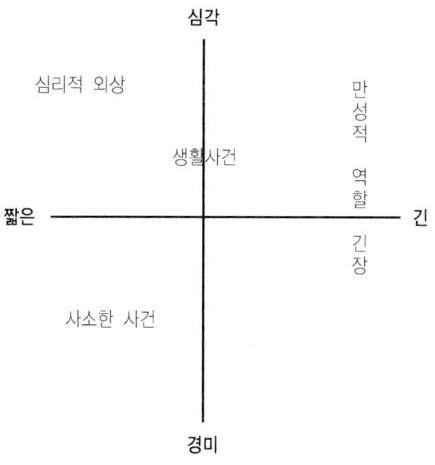

심각

심리적 외상

생활사건

만
성
적

역
할

긴
장

짧은 ——————————————————— 긴

사소한 사건

경미

Aldwin, 1994, p.52.

〈그림 2-1〉

<그림 2-1>에서 보듯 구체적인 생활사건은 스트레스 외상사건(trauma), 주요 생활사건(life event), 만성적인 역할 스트레스(chronic role strain), 사소한 생활사건(hassles) 등이다.

스트레스 외상은 전쟁, 자연재해 및 강도의 피해와 같은 개인적인 사건 등을 말하며 이들 사건들은 개인에게 극심한 피해를 끼친다. 스트레스 외상사건들은 지속기간은 짧으나 심각성의 정도가 크고 그 영향 또한 오래 지속되는 것이 특징이다.

주요 생활사건은 결혼, 배우자의 사망, 실직 등과 같이 생활 속에서 일어나는 주요한 사건들로서 지속기간이 사건에 따라 다양하나 각 사건의 끝나는 시점이 비교적 분명한 사건들이다. 또 심각성의 정도 역시 사건에 따라 다양하다. Holmes와 Rahe의 SRSS의 경우 적응량을 보면 결혼을 50으로 볼 때, 배우자의 사망은 100, 이

혼은 73이며 임신은 40 등으로 제시하고 있다.

만성적인 역할스트레스(chronic role strain)에 따른 사건은 개인의 특정한 사회적 역할과 관련되어 나타나는 장기간의 지속적인 문제로 정의된다(Pearlin & Schooler, 1978). 연구자에 따라 다소 차이가 있으나 Pearlin과 Schooler(1978)는 만성적인 역할 스트레스 사건의 범주를 결혼(예: 배우자의 역할에 대한 좌절감, 배우자의 수용부족 등), 부모역할(예: 부모 기대가 자녀에 못 미침, 부모에 대한 무시 등), 직업(낮은 보수, 열악한 작업환경, 상사와의 불화 등) 및 가정 경제(예: 낮은 소득, 월세에 대한 부담 등)의 네 가지를 제시했다. 이들 사건들은 그 정의에서 보듯 지속시간이 길지만 심각성의 정도는 사건에 따라 다르게 나타난다.

사소한 생활사건은 소음, 공해, 기계에 익숙지 못함, 교통 혼잡, 이웃과의 불화, 물가인상 등과 같이 개인에게 성가시고 사소한 (Minor) 사건들로서 따로 구분하여 개념 정의를 하나 실제로는 주요 생활사건이나 만성적인 역할스트레스 사건에 포함되어 있는 수가 있다. 사소한 생활사건들은 지속시간이 짧고 심각성의 정도도 낮은 것이 보통이다. 그러나 일부 연구자들(eg., Delongis et al., 1982; Rowlison & Felner, 1989)은 주요 생활사건보다 사소한 생활사건이 질병에 대한 예측력이 더 높게 나온 것으로 보고하고 있다.

한편 Wheaton(1996)은 생활사건을 더 세분화하여 제시하고 이들 생활사건들의 특징을 시간상의 분리성과 지속성으로 살펴 설명하였다.

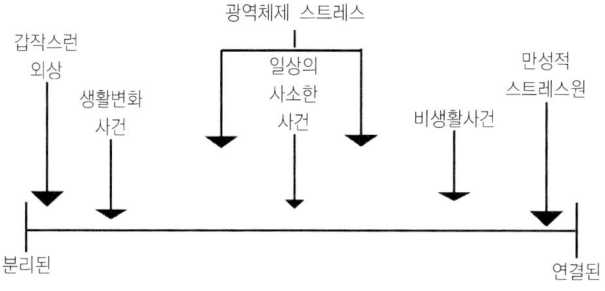

Wheaton. 1996. p.48.

〈그림 2-2〉

　그는 <그림 2-2>에서 보듯 갑작스런 외상사건(sudden trauma)과 같이 짧은 시간 발생하나 그 심각성의 정도가 큰 것으로부터 시작하여 생활변화사건(life change event), 광역체제 스트레스 사건(macro system stressors), 일상의 사소한 사건(daily hassles), 미발생 생활사건(nonevents)에 이어 가장 지속기간이 긴 만성적 생활사건(chronic stressors)까지 제시하였다. 여기서 광역체제 스트레스 사건이란 경제적 침체, 이혼율, 유아사망률 등과 같이 사회 체제적 문제에 따라 발생하는 사건들로서 일상적이거나 인간관계에서 일어날 수 없는 것들이다. 또 미발생 생활사건은 결혼 적령기를 넘긴 사람들에게 있어서의 결혼, 미취업자의 취업 등과 같이 원하거나 기대하지만 아직 실현되지 않은 사건들이다. 이에는 다른 사람들에게 다 일어났으나 자신에게 일어나지 않은 사건도 포함된다.

　지금까지 여러 형태의 생활사건을 살펴보았다. 생활사건이 스트레스를 일으키고 이것이 질병이나 부정적 결과와 관련된다는 연구 패러다임은 스트레스 연구의 일반적 경향성이다. 그러나 생활사건 스트레스를 지속성 또는 심각성이라는 차원에서 구분하고 있음에도 불구하고 인간의 일상에서 일어나는 모든 사건이 명확하게 그 지속성과 심각성의 정도가 매우 다양하여 명확하게 구분하는 데 많은 한계점이 있는 것도 사실이다.

3. 생활사건 스트레스 측정상의 문제들

스트레스 연구에서 스트레스 개념은 구체적으로 스트레스 측정에서 구현된다. 즉 스트레스의 개념에 따라 실제로 스트레스를 측정하는 내용이나 방법이 달라질 수밖에 없다. 생활사건 스트레스 척도가 발달해 오면서 다양한 변화가 이루어졌다. 이 과정에서 생활사건의 선택이나 가중치 결정 등 여러 가지 문제에 대한 다양한 논의와 방법이 제시되었다.

1) 생활사건 선택상의 문제들

생활사건 스트레스 척도를 구성하여 스트레스를 측정하기 위해서는 생활사건을 선택해야 한다. 개인의 생활은 다양하고 복잡할 뿐만 아니라 상황이나 조건에 따라 변화 가능성이 많아 생활사건을 정의하고 선택하는 데 많은 어려움이 따르게 마련이다. 생활사건 선택과 관련된 몇 가지 문제를 살펴본다.

(1) 생활사건 범주의 문제이다

Holmes와 Rahe(1967)의 SRRS와 그 이후에 나온 많은 생활사건 스트레스 척도들은 생활사건을 선택할 때 고려해야 할 문제 중의 하나는 생활사건의 선택과정, 즉 문항표집 과정에 문제가 있다는 점이다. 이는 선택될 전체 생활사건의 범주가 정의되거나 대표성을 가진 표집문항이 선택되는 바탕이 없음을 의미한다. 앞에서 생활스트레스 척도에서 본 바와 같이 생활사건은 스트레스 외상사건, 주요생활사건, 만성적인 역할 스트레스, 사소한 생활사건 등으로 개념화되어 있다. 그런데 스트레스 측정 시에 생활사건 선택에 있어 일반적으로 자극으로서의 스트레스 접근을 강조하는 경우에는 스트레스 외상이나 주요 생활사건을, 상호 작용적 접근에서는 만성적인 역할스트레스나 사소한 생활사건을 선호하는 경향성이 있다 (Aldwin, 1994). 그러나 이렇게 개념적으로 구분하고 있으나 서로 간에 명확하게 구분하기 어려울 경우가 많고, 개념적으로나 측정 수준에 있어 중복되는 수가 많은 것 또한 사실이다. 한편 이러한 개념적인 접근과는 달리 Shrout(1981)는 포괄적인 접근을 강조한다. 그는 스트레스를 일으키는 모든 사건이 포함되어야 하고 그렇지 않으면 개인이 경험하는 스트레스의 양은 정확하게 추정될 수 없다고 했다. 또 Herbert와 Cohen(1996) 역시 생활스트레스 척도에 포함시킬 생활사건은 주요한 것이어야 하고 일어날 가능성이 있는 생활사건을 광범위하게 포괄하는 것이 바람직하다고 했다. 이들은 SRRS를 비롯하여 일반적으로 사용되고 있는 척도에는 비교적 일상적인 사건이 빠져 있는 경우가 있고 간통과 같은 사회적으로 민감한 사건이 빠져 있는 수가 있다(Thoits, 1983). 또 미혼의 경우 결혼, 직업을 구하지 못한 경우, 자녀를 얻지 못한 일 등은 아직 일어나지 않았지만 생활사건으로 볼 수 있다(Gersten, Langer, Einsberg & Orzek, 1974). 이와 같이 포괄성에 중점을 두는 주장은 스트레스 과정이 매우 복잡하고 또 피험자들이 경험하는 횟수에 관계없이 특정한 스트레스 사건을 경험하게 되면 건강에 미치는 영향이 상승하게 된다는 점에서 타당한 면이 있다. 그러나 Turner와 Wheaton (1995)은 이러한 점을 인정하면서도 실제 검사 시에 필요한 시간, 비용과 피험자의 부담 등과 같은 검사의 실용성을 고려하면 모든 생활사건을 포괄하는 것은 현실적으로 문제가 있다고 본다. 그리하여 이들은 30~50개 정도의 생활사건 항목을 제안하면서 문항 수가 제한됨으로 인해 포괄하지 못하는 문항은 보충질문을 통해 이를 보충하게 만드는 방법을 제안하고 있다. 검사의 실용성에 따라 일정한 수의 생활사건을 선택한다면 선택해야 할 생활사건은 연구대상자에게 일어날 확률이 높아야 하며(Cleary, 1980; Monroe, 1982), 연구대상 집단에 의미 있는 생활사건이어야 한다(Rabkin & Struening, 1976; Hurst, 1979; Dohrenwend et al., 1978)는 주장들이 설득력을 갖는다. 전쟁이나 극지방 탐험 중의 고립과 같은 사건은 일반적인 사람들이 일상생활에서는 거의 일어날 수 없는 사건이며, 아동용 생활사건 척도에 이혼이나 결혼과 같은 생활사건은 의미가 없는 것들이다.

(2) 긍정적 생활사건과 부정적 생활사건의 포함 여부의 문제이다

생활사건이 스트레스에서 꾸준히 이어 내려온 관점 중의 하나는 생활사건이 발생하면 과도한 적응을 요구하기 때문에 질병을 일으 킨다는 점이다. 이러한 관점은 개인의 생활 속에서 발생하는 변화, 혹은 재적응의 누적된 양이 곧 스트레스의 양이 된다. 즉 생활변화 가 많을수록 생활사건의 호의성에 관계없이 이 변화에 대처하거나 견뎌 내야 할 자원이 더 과도하게 소모되므로 결국은 질병에 이르 게 된다고 본다(Holmes, 1979; Holmes & Rahe, 1967). 그러나 이러 한 관점이 도전을 받게 되고 또 다른 가정이 대두되었다. 생활사건 이 심각하거나 비호의적인, 즉 부정적인 생활사건이 많을수록 대처 능력이 더욱 고갈되고 질병이 발생하게 된다고 본다(Brown & Harris, 1978). 이러한 관점에서 보는 생활사건의 중요 특질은 생활사건이 요구하는 변화의 양이 아니라 비호의성(undesireability), 즉 부정적 인 변화의 양이라고 보는 것이다. 변화의 양보다는 부정적인 변화 가 질병예측에 더 효과적이라는 증거가 많이 축적되었다(Tuner & Wheaton, 1995). 예를 들어 Zautra와 Reich(1983)은 17개의 연구결 과를 검토한 결과 심리적인 고통이 부정적인 생활사건과 관련이 있었고 긍정적인 생활사건과는 상관의 정도가 일정치 않거나 약하 게 나타난다는 사실을 일관되게 볼 수 있었다. 특히 부정적인 사건 들을 통제하고 긍정적인 사건과 심리적 고통의 상관을 살펴본 결 과 이들의 상관은 완전히 나타나지 않게 되었다. 이러한 결과에 대 해 Herbert와 Cohen(1996)은 생활사건의 변화량과 심리적 고통 간 의 상관이 의미 있는 것으로 나타난 이전의 일부 연구결과들은 아마도 부정적인 생활사건의 영향 때문인 것으로 추정할 수 있다고 했다. 더 나아가 Cohen과 Hoberman(1983)은 부정적 사건과 심리적인 고통 사이의 관계는 긍정적인 사건이 오히려 스트레스에 대한 완충 역할을 할 수 있다는 가정까지 대두되었다. Lazarus 등(1985)은 이에 대해 긍정적 생활경험은 긍정적인 감정 상태를 만들어 스트레스에 쉽게 적응하게 만들기 때문에 스트레스에 대한 완충물(buffers)로 작용할 수 있다고 하였다. 구체적으로 긍정적인 생활 경험은 개인으로 하여금 부정적인 생활경험으로부터 한숨 돌릴 수 있게 하고 대처노력을 계속할 수 있도록 유지시켜 주며, 고갈된 심리적 자원을 회복시킬 수 있다고 했다. 그러나 이러한 가정을 실제로 검증한 연구는 많지 않다. Swearingen과 Cohen(1985)이 청소년을 대상으로 하여 연구한 결과 심리적 고통은 부정적 생활사건과 의미 있는 상관을 나타내었으나 긍정적인 생활사건과는 의미 있는 상관이 나타나지 않았다. 그리고 긍정적인 생활사건이 증가할수록 부정적 생활사건과 심리적 고통과는 그 관계의 정도가 줄어들었다. 그러나 긍정적 생활사건의 스트레스에 대한 완충 효과는 심리적 고통 중 우울증과 부분적으로만 의미 있게 나타났으나 이 결과만 가지고 긍정적 생활사건의 스트레스에 대한 완충 역할을 지지하기에는 아직도 부족하다(Swearingen & Cohen, 1985). 그런데 한 가지 유의할 것은 이들 척도에 포함된 긍정적인 생활사건의 수가 실제로 많지 않다는 점이다. 그러므로 긍정적인 생활사건도 부정적인 생활사건처럼 개인의 생활 전반에 걸쳐 체계적으로 광범위하게 표집하여 측정함으로써 긍정적인 생활사건의 스트레스에 대한 영향을 정확하게 확인할 필요가 있다(Herbert & Cohen, 1996).

(3) 생활사건과 질병 간의 혼입의 문제

생활사건과 생활사건으로 인한 혼입(confound)의 현상으로 일반적으로 검사와 검사결과 사이의 오염문제가 있다. Hudgens(1974)에 의하면 SRRS의 전체 43개 생활사건 항목 중에 29개가 질병상태의 징후이거나 결과를 표현한 것이라고 한다. 따라서 생활사건과 질병 사이에 나타나는 상관관계가 실제보다 더 크게 나타날 수 있다는 주장이다. 정신건강이 나쁜 사람이 더 많은 스트레스 생활사건을 경험하게 되는 경우가 많은데, 이 경우 스트레스의 양이 질병을 일으키는 것이 아니라 단순히 질병상태를 반영한 것에 지나지 않는다는 것이다. 또 성격적인 특성이 생활사건의 반응빈도나 건강상태 측정에 혼입될 수 있으므로 상관의 정도가 실제와 달라질 수 있게 된다. 이는 곧 예언변인인 생활사건과 준거변인인 질병 사이의 오염으로 말미암아 그에 대한 해석에 혼란을 가져온다는 지적이다. Dohrenwend와 Dohrenwend(1974, 1978)는 전형적으로 생활사건 척도에 포함된 사건은 3가지 형태라고 한다. ① 피험자의 정신병의 조건과 혼입되어 있는 사건들, ② 신체질병을 나타내는 생활사건들, ③ 피험자의 신체적·심리적 건강상태와 독립된 생활사건들이다. 생활사건이 질병발생 예측의 의미를 가지려면 ③의 범주에 드는 중대하고(fateful) 또 예기치 못한(adventitious) 사건에 한정되어야 한다고 주장한다. 이런 주장에 대해 서로 논쟁을 벌였던 Lazarus와 그의 동료들(Delongis, Coyne, Dakof, Folkman & Lazarus, 1982; Kanner, Coyne, Schaefer & Lazarus, 1981; Lazarus & Folkman, 1984)은 개인에 대한 사건의 의미가 감안되어야 하므로 스트레스에 대한 주관적 요소가 개입되어야 건강상태를 예언하는 데 더 효과적이라는 주장을 일관되게 하였다. 그리고 개인의 특성(신념, 가치, 책임), 맥락적 요인들(스트레스 요인의 발생시기와 지속시간)이 스트레스 정도에 함께 영향을 준다고 했다. 예를 들어 똑같은 사건이라 하더라도 개인의 여러 가지 특성에 따라 스트레스의 정도가 다를 수 있으므로 소위 객관적 평정은 질병 예측력이 낮다는 주장이다. Lazarus와 그의 동료들의 이러한 주장에 대해 Dohrenwend 등(1984)은 개인의 평가에 따라 좌우되는 주관적 스트레스 평가는 건강상태와 혼입이 된다는 사실을 비판하였다. 예를 들어 우울증이 있는 사람은 더 많은 사건을 스트레스로 지각한다는 것이다. 이와 같이 Dohrenwend 등은 주관적인 평가에 따른 측정은 스트레스 수준이 질병을 일으키는 것이 아니라 질병상태를 반영하고 있다고 주장하고 오로지 객관적 스트레스 측정이 스트레스가 신체적·정신적 건강상태에 미치는 영향을 측정할 수 있다고 했다. 이에 대해 Lazarus, DeLongis, Folkman과 Gruen(1985)은 임상심리학자들로 하여금 건강상태를 나타내는 문항을 찾아내도록 하여 제외한 뒤, 재분석을 했다. 그럼에도 여전히 오염되지 않은 사소한 사건(hassles)은 신체적 질병을 더 잘 예언하였다. 이러한 논쟁을 더 뜨겁게 만든 것은 Schroeder와 Costa(1984)가 보통 이루어지고 있는 생활사건 측정이 이미 피험자들이 갖고 있는 질병뿐만 아니라 성격적인 특성과도 혼입되어 있다고 비판한 점이다. 이들은 생활사건 척도에서 오염된 생활사건, 즉 건강상태나 성격특성을 나타낸 문항들로 구분하였다. 예를 들어 빚을 갚기 위한 어려움은 신경증의 증상을 나타내는 것으로 오염된 생활사건이고, 실직은 좀 더 객관적인 사건으로 오염되지 않은 생활사건으로 구분하였다. 이들은 오염된 생활사건과 건강상태 간의 관계만이 상관이 있음을 발견하고 오염된 요인들이 생활사건과 정신건강 간의 상관관계를 실제보다 크게 만든다고 결론지었다. 이에 대해 Maddi, Barton과 Puccetti(1987)는 Schroeder와 Costa의 평정 방법이 이론적 타당성이 부족하고 생활사건을 구분하는 절차가 불분명하다고 공격하였다. 이들은 빚을 갚기 위한 어려움은 실직 때문에 생긴 사건으로 볼 수 있으므로 오염 여부의 판단이 잘못되었고 지지할 수 없다고 했다. 그리고 이들은 그들 나름대로 생활사건을 분류하여 확인한 결과 오염되지 않은 생활사건이 오염된 것보다 종단적·횡단적 연구 모두에서 질병을 더 잘 예측하였다고 보고했다. 이러한 논쟁에서 양쪽 모두에게 제기되는 문제는 어떤 연구도 스트레스 요인과 이전의 질병, 혹은 정신건강이 혼입된 요인을 측정하지 않았다는 점이다. 이들이 행한 피험자의 자기보고식 측정으로 하나의 생활사건이 환경적인 우연한 사건인지 아니면 피험자 개인의 부적응 때문에 생긴 사건인지 구분할 수가 없다. 어떤 경우는 실직의 원인이 자신의 잘못보다는 회사의 대량 감원일 수도 있고, 또 다른 경우는 알코올중독자여서 회사관리자가 불경기를 틈타 문제 있는 사원을 해고시킨 경우도 있을 수 있다. Dohrenwend와 그의 동료들 그리고 Costa가 제시한 이러한 문제점을 해결하기 위해서 Aldwin과 그의 동료들은 종단적 연구가 필요하다고 보고 연구를 수행했다. 먼저 Aldwin과 Revenson(1986)은 경제적 스트레스와 정신건강 간의 상관을 연구했다. 이들은 먼저 경제적 스트레스와 정신건강을 측정하여 기초선 측정(Time1)으로 한 뒤 1년 후에 추후측정(Time2)을 하였는데 그 1년 동안 실업률이 다소 상승하였다. 연구결과를 분석하니 기초선에서 정신건강이 나쁜 사람이 경제사정이 더 나빠진 추후측정에서 더 많은 경제적 긴장을 보고하였다. 이는 정신건강이 나쁜 사람이 더 많은 스트레스를 경험하게 된다는 사실을 나타낸다. 그럼에도 불구하고 기초선에서의 정신건강 상태를 통계적으로 통제했을 때, 경제적 스트레스는 추후측정에서 훨씬 더 나쁜 정신건강 상태를 나타내었다. 특히 경제적 어려움이 장기적일 때 더 그러했다. 이러한 연구결과로 보면 스트레스는 이전의 정신건강 상태와 혼입된 것과 상관없이 정신건강에 영향을 미친다고 볼 수 있다. 다음으로 Aldwin 등(1989)은 성격, 스트레스 및 정신건강 간의 관계를 확인하기 위하여 종단적 연구를 했다. 이들은 남자 성인들을 대상으로 하여 1975년에 성격을 측정하고 10년 후인 1985년에 생활사건, 사소한 일들(hassles) 및 정신건강을 측정하였다. 그 결과 생활사건과 사소한 일들은 10년 전에 측정한 성격과 - .2 수준의 상관을 나타내었다. 이는 Dohrenwend 등이나 Schroeder와 Costa의 연구결과를 부분적으로 확증시켜 주는 내용이다. 즉 성격상 문제가 많은 사람이 10년 후에 다시 측정할 때 사소한 일들을 더 많이 보고하고 있다. 그리고 이들은 생활사건도 많이 보고했다. 그런데 성격점수를 통계적으로 통제했을 때 생활사건과 사소한 일들이 정신건강에 미치는 독립적인 영향을 발견할 수 있었다. 바꿔 말하면 스트레스와 건강은 어느 정도 혼입이 있었다. 이러한 혼입은 연구에서 특히 횡단적 연구에서 꼭 인식할 필요가 있으며, 종단적 연구에서 기존의 성격이나 건강상태와는 상관없이 스트레스는 건강에 부정적인 영향을 준다는 사실을 확인할 수 있었다. 성격, 스트레스, 건강 간의 인과관계에 대한 논쟁은 스트레스 과정의 본질이 무엇인가에 대한 이해와 통찰을 제공하였다. Aldwin(1994)은 스트레스 과정을 혼입의 문제로 생각하기보다 양 방향 혹은 다방향으로 생각하여야 하며 이것은 상호 교류적인 관점을 강하게 지지하는 결과로 보았다. 평가는 개인과 환경 양쪽의 기능이다. 따라서 스트레스 과정을 단일 방향으로만 보는 것은 스트레스 과정의 일부만 보게 된다고 하면서 Dohrenwend 등의 주장은 사실이나 스트레스가 건강에 미치는 영향 또한 실제적이고 독립적이므로 앞의 논쟁에서 각각의 주장은 타당하나 서로 간의 영향을 무시해서는 안 된다고 했다. 결국 이 문제는 측정에 대한 평가의 영향과도 관련시켜 살펴보아야 한다.

(4) 생활사건과 질병의 측정시기

이 문제는 생활사건이 발생한 뒤, 시간적으로 어느 정도 지나야 이 사건에 따른 반응이 나타날 수 있는가의 문제이다. 특정한 생활사건에 따른 질병의 발생 시기를 알아야 질병 측정 시기를 잡아 측정해야 한다는 논리이다. 대부분의 생활사건 연구에서는 6개월에서 1년(Cleary, 1980), 혹은 1년 내에 일어난 사건을 주로 이용하고 있는데(Tuner & Wheaton, 1995), 이것은 생활사건이 발생하고 대개 1년 정도 되었을 때 그 반응이 나타난다는 가정 때문이다(Holmes, 1979; Holmes & Masuda, 1974). 그러나 이러한 가정에 대한 증거는 제한적일 뿐만 아니라(Monroe, 1982), 사건의 발생과 이 사건의 영향으로 인한 징후가 발생하기까지의 시간 간격에 대해서는 알려진 바가 거의 없다(Herbert & Cohen, 1996). 일부 연구에서는 심리적인 징후의 발생이 몇 개의 사건이 거의 동시에 일어난 3~4주 후에 나타났다는 사실을 보여 준다(Brown & Harris, 1978; Paykel, 1974, 1979). 또 다른 연구는 일 년이란 기간보다는 짧은 기간 동안 몇 개의 사건들이 집중되었을 때 생활사건과 질병의 상관이 높게 나왔다(Grant et al., 1981). 이러한 시간 간격도 질병에 따라 다양해 보이며, 문제는 대부분의 연구가 생활사건의 누적을 1년 기간으로 하고 동시에 질병을 측정하는 횡단적 연구란 점이다. 생활사건과 질병 사이의 상관이 낮은 것은 생활사건의 발생과 관련된 질병의 측정 시기가 적절치 못한 때문일 수도 있다고 생각해 볼 수 있다. 생활사건의 발생 날짜를 정확하게 하는 것은 중요하며 실제로 결혼, 사망, 이혼 등과 같은 중요한 사건 외에는 모든 생활사건의 발생 날짜를 기억한다는 것은 어렵다. 또한 개인의 사건 해결의 속도 역시 생활사건과 질병 사이의 관계에 영향을 줄 수 있다. 예를 들어 10년 전에 이혼한 뒤 지금도 고통을 받고 있는 사람과 배우자가 장기간 투병하다 6개월 전에 세상을 떠난 뒤 오히려 슬픔에서 벗어나 안전감을 느끼기 시작한 사람을 비교해 보면, 1년 이내 발생한 생활사건으로만 측정한다면 6개월 전 배우자를 잃은 사람은 문제가 해결되나 10년 전 이혼한 사람은 생활사건이 보고되지 않으면서도 심리적 고통은 보고되기 때문에 생활사건과 질병 간의 상관이 왜곡될 수 있다. 이러한 점에서 스트레스 측정 시 생활사건이 해결된 시점을 함께 조사하면 질병예측에 더 효과적일 수 있다(Tuner & Avison, 1992). 아직까지는 생활사건이 발생한 지 어느 정도 지나야 그 반응이나 징후가 나타나는지 확실한 연구결과는 없으나 단지 기간이 길수록 비교적 일정하게 대답하여 검사 – 재검사 신뢰도가 높아지나 기억의 정확성에 문제가 있으며, 특정 사건을 부정하거나 선택적인 기억으로 타당도가 낮아지거나 스트레스 양이 낮아지는 경향이 있다(Rabkin & Streuning, 1976).

2) 인지적 평가의 영향

생활사건 스트레스 측정에서 또 하나의 문제점은 생활사건에 대한 개인의 인지적 평가의 문제이다. 이 문제는 환경의 요구에 대한 반응의 문제로서 스트레스 측정에서 생활사건에 대한 개인의 지각된 스트레스 수준과 관련된다. 스트레스에 대한 인지적 평가의 개념은 Arnold(1960)에 의해 제시되었으나 Lazarus와 그의 동료들이 자아방어 이론에 바탕을 두고 실험실에서 피험자들이 도전적인 상황에서의 태도 변화를 실험한 것을 바탕으로 사람들은 자신의 경험에서 실제문제에 대하여 항상 평가하고, 위험상황에서 그들 자신을 보호하는 수단으로 인지적 평가와 재평가를 한다는 개념이 도출되었다(Lazarus, 1991). 이러한 인지적 평가의 개념은 상호 작용적 관점의 핵심적 내용으로서 그 과정이 복합적이고 그 특성상 항상 변화하는 역동적 체계로서 측정을 어렵게 만든다(Derogatis & Coons, 1993). 더구나 인지적 평가의 내용범주, 차원 및 그 정도가 분명히 구분되지 않고, 인지평가 과정에 성격이나 질병 및 정서적 상태가 개입되어 영향을 미치게 된다. 예컨대 정신질병이 평가과정에 미치는 영향을 다음의 그림으로 설명할 수 있다.

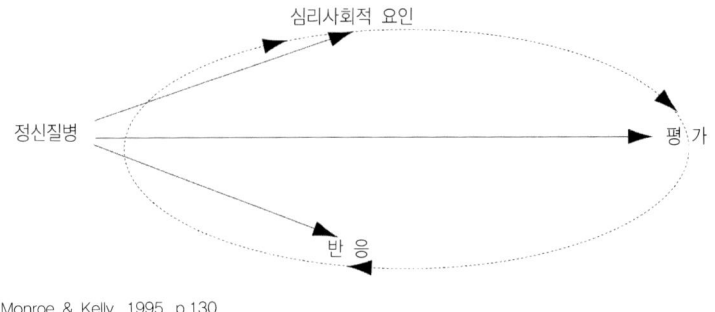

심리사회적 요인

정신질병   평 가

반 응

Monroe & Kelly, 1995, p.130

〈그림 2-3〉 정신질병이 평가과정에 미치는 영향의 개념적 도해

위 <그림 2-3>에서 우울증을 가진 사람은 일반적으로 자신의
환경과 자기 자신 및 장래에 대하여 편파된 지각을 한다(Beck,
1967). 따라서 우울증 환자는 자신의 인지적, 정의적 조건 때문에
심리사회적 스트레스 요인에 대하여 왜곡된 평가를 하게 되며, 더
나아가 다른 사람보다 더 많은 스트레스를 느끼게 되고 효율적으
로 대처하는 데 어려움을 겪게 된다. 여기서 분명히 할 것은 스트
레스 과정에서 평가 그 자체의 순수한 영향과 평가에 영향을 미치
는 요인을 따로 구분해서 생각해야 한다. 그러나 실제로 스트레스
과정에서 평가 그 자체의 인과적 역할을 평가에 영향을 주는 요소
와 따로 분리할 수가 없다. 그러므로 평가의 결과는 평가에 미치는
다양한 영향이 통합되어 있고 환경요소와 직면했을 때의 의미가
합성된 최종적인 일반과정으로 보아야 한다(Lazarus & Folkman,
1984). 스트레스 과정에서 인지적 평가의 영향을 살펴보기 위해 Monroe
와 Kelly(1995)는 스트레스 요인과 인지적 평가의 두 요소만으로
단순화시켜 전체 스트레스의 양을 표현하여 설명하고 있다.

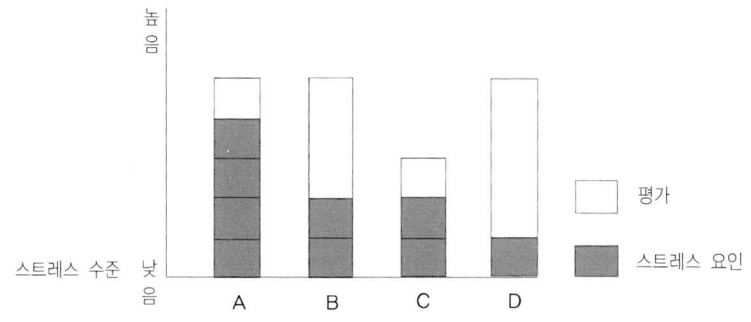

Monroe & Kelly, 1995, p.132.

〈표 2-1〉 인지적 평가-스트레스 요인의 두 기능에 의한
전체 스트레스 수준의 4가지 가설적 경우

　위의 가설적인 표에서 A, B, D는 전체 스트레스 수준이 높고 C
는 전체 스트레스 수준이 낮은 경우이다. 각각의 의미를 살펴보면,
A는 전체 스트레스 수준이 높으나 전체 스트레스 수준을 구성하는
두 요인 중 스트레스 요인의 수준이 상대적으로 높고 평가된 위협
의 정도는 낮은 경우이다. B는 전체 스트레스 수준은 A와 같은 정
도이나 A에 비해 평가된 위협의 수준이 높은 경우이다. C는 전체
스트레스 수준은 낮으나 스트레스 요인의 수준은 B와 같고 평가된
위협 수준은 A와 같은 정도로 낮은 경우이다. D는 전체 스트레스
수준은 A나 B와 같으나 스트레스 요인의 수준이 가장 낮고 평가된
위협 수준이 가장 높은 경우이다. 여기서 스트레스 요인의 수준만
보면 A가 가장 높고 그다음이 B와 C로서 같은 수준이며 D가 가장
낮다. 그럼에도 전체 스트레스 수준에서 A, B, D가 모두 같은 것은
평가에서의 개인차를 나타낸다. 이와 같이 가설적인 경우를 이용하
여 스트레스 측정에 나타나는 평가의 영향을 살펴보았으나, 중요한

것은 개인에게 미치는 평가의 영향을 측정할 필요성이 있음에도 불구하고 이에는 여러 가지 어려움이 도사리고 있다는 점이다. Monroe와 Kelly(1995)는 평가에 대한 현재의 측정기술이 부족하다는 점을 들고 있다. 그 이유는 먼저, 평가에 대한 개념 정의가 불명확하여 평가의 범위를 비롯한 여러 측면을 도출해 내기가 어렵다는 점이다. 예를 들어, 불안, 공포, 걱정, 스트레스에 대한 내성과 평가가 구분되기 어려운 경우가 많다. 다음으로 순수한 평가 자체와 평가 자체에 영향을 미치는 요인들을 구분하기 어렵다. 이는 평가과정에 여러 인지과정이 혼입될 수 있기 때문에 요인의 통제가 어렵기 때문이다. 평가가 스트레스에 대한 민감성의 결정인자라기보다 민감성을 일으키는 데 직접적으로 영향을 주는 잠재된 힘을 나타낸다고 볼 수 있다. 즉 평가는 민감성의 제작자(maker)가 아니라 표시자(marker)임을 나타낸다. 끝으로 개인의 보고는 개인의 주관성 때문에 반응에 신뢰성이 부족할 수 있으므로 그 대안으로 전문가 집단의 평정이 유용하다고 하나 이 방법의 이용에는 노력이 많이 들고, 숙련된 전문가를 필요로 한다(Brown & Harris, 1978). 이러한 여러 문제를 살펴보면 측정에서 평가의 근본적인 문제는 평가의 중요한 구성요소인 상황의 특징, 생활사건이 개인에게 주는 의미의 세미한 차이를 적절하게 포착하기 어렵다는 데 있다.

3) 생활사건 항목의 가중치 결정

여러 가지 생활사건을 선택하여 스트레스 척도의 항목으로 삼고

이 항목에 대한 가중치를 결정하여야 한다. 가중치 결정 방법은 크게 객관적 방법과 주관적 방법으로 나누어 볼 수 있는바, Cleary (1981)는 이를 좀 더 세분하여 다음의 5가지 방법으로 나누어 설명한다.

첫째, 표준가중치(standard weights)를 이용하는 방법이 있다. 이는 선행연구나 기존의 척도에서 표준화된 가중치를 이용하는 방법이다. 이 표준가중치를 사용할 때 적용대상에 맞게 사용해야 한다. Masuda와 Holmes(1978)의 연구에 의하면 생활사건에 대한 심각도의 평정이나 사건의 발생 여부는 나이, 결혼상태, 성, 사회경제적 지위, 인종, 교육수준, 문화, 해당 사건의 경험 여부에 따라 다양하게 나타나므로 생활사건의 질병예측 정도를 높이려면 연구대상 집단으로부터 얻어진 가중치를 사용해야 한다는 것이다. 즉 표준가중치를 이용할 때에는 표준가중치 결정 시와 동일한 집단에 적용해야 한다는 것이다.

둘째로 연구대상 집단에서 대표집단의 가중치를 이용하는 방법이 있다. 이는 연구대상 집단에서 표집한 대표집단의 평정치를 평균하여 각 생활사건 항목의 가중치로 사용하는 방법으로, 직접적이고 시간이 걸리며, 연구 시마다 새로 가중치를 결정해야 하는 어려움이 있으나 동일집단을 기준집단으로 사용하므로 기준집단에 대한 적절성의 문제가 야기되지 않는다(Cleary, 1981).

셋째, 연구대상 하위 집단별 가중치를 이용하는 방법이 있다. 이 방법은 실험집단과 통제집단이 이질적인 경우에 모든 집단에 일률적인 가중치를 이용하지 않고 집단에 따라 다른 가중치를 사용하는 방법이다. Grant 등(1978)은 환자집단이 정상집단보다 더 높은 가중치를 나타내므로 각 집단에 맞는 가중치를 사용해야 한다고 했다. 이와 같은 결과는 Lundberg 등(1975)과 Hurst 등(1978)의 연구에서도 확인되고 있다.

넷째로 피험자 개인의 주관적 가중치를 이용하는 방법이다. 이 방법은 생활사건 항목에 가중치를 결정하지 않고 피험자 각자가 경험한 생활사건 항목에 주관적으로 보고하는 방식이다. 이 방법은 기준집단의 적절성에 대한 논쟁은 피할 수 있으나, 객관성이 결여되는 점이 있다(Chiriboga, 1977; Caplan, 1975; Cleary, 1981). 개인의 주관적 가중치 방법과 표준화된 가중치를 사용한 방법의 효과를 비교한 결과 표준가중치는 경험한 생활사건의 수를 잘 반영하였고, 개인의 주관적 가중치는 생활변화에 대한 잠재적인 영향의 차이를 잘 나타내었다(Hurst, Jenkins & Rose, 1978). 또 Lundberg 등(1975)은 심근경색 환자의 경우 주관적 가중치 방법에 의한 스트레스 측정 결과가 정신질병 징후를 잘 예견하여 유용한 것으로 확인했으나 Grant 등(1978)의 연구에서는 정신질병 징후와의 상관이 다양하게 나타나 그 결과가 일정하지 않다. 그런가 하면 개인의 주관적 가중치가 또 다른 변수가 되어 부분적으로 신뢰도가 낮을 가능성이 있다(Cleary, 1981).

끝으로 각 생활사건 항목에 동일한 가중치를 부여하는 방법이 있다. 이 방법은 가중치 대신에 단순히 경험한 생활사건 항목 수만을 계산하여 스트레스의 양을 측정한다. 이것은 가중치를 결정해야 하는 부담을 피할 수 있으나 개인 혹은 집단에 있어 각 생활사건의 영향력을 고려할 수 없게 된다. 표준화된 가중치와 동일가중치 방법을 비교한 결과 이 두 방법의 상관이 .89 - .97을 나타냈으나(Rabkin & struening, 1976; Chiriboga, 1977), Hurst, Jenkins와 Rose(1978)의 연구에서는 주관적 가중치와 동일가중치 방법에 따른 스트레스의 양의 상관은 잘 나타나지 않았다. 한편 Turner와 Wheaton(1995)은 일반적으로 객관적인 평정방법과 주관적인 평정방법의 두 가지로 나누어 설명하는데 객관적 방법은 연구대상 집단에서 무선표집이 된 집단을 이용하거나 전문가 집단이 각 생활사건의 중요성, 변화 혹은 심각성을 평정하여 각 생활사건 항목의 가중치를 결정하는 방법으로 피험자가 경험한 사건의 가중치를 합한 것이 개인의 스트레스 양이 된다. 주관적 방법은 생활사건 항목의 가중치가 결정되어 있지 않은 상태에서 주어진 척도방식에 따라 피험자가 자신이 경험한 사건을 개인적 수준에서 평정하는 방법으로 경험한 자기 사건에 스스로 가중치를 부여하고 이것을 모두 합한 것이 개인의 전체 스트레스 양이 된다. 객관적 방법과 주관적 방법은 서로 다른 목표를 갖고 있는데 연구대상 집단이나 전문가 집단에 의한 평정결과를 평균하여 객관적으로 표준화한 객관적 방법은 각 개인에게 적용되는 스트레스 생활사건의 잠재적 영향의 차이를 찾으려고 하고, 주관적 방법은 개인에 따라 달라지는 사건의 의미의 변량에 따른 잠재적 영향의 차이를 구한다(Thoits, 1983; Turner & Wheaton, 1995). 이 두 가지 방법에 따른 가중치의 스트레스 결과에 대한 효과의 차이는 여러 연구에서 크지 않은 것으로 보고하고 있고(Monroe, 1982; Zimmerman, 1983; Sandler & Guenther, 1985), Chiriboga(1977)는 객관적 가중치 방법이 반드시 예측력에 효과가 있는 것이 아니라고 하였으며, Cohen과 Wills(1985)는 단순한 생활사건의 총합과 객관적인 가중치와 개인의 주관적 가중치가 갖는 예언적인 타당도에는 차이가 없다고 하였다. 그러나 상호 작용적 관점을 선호하는 연구자들은 이와 다르다. 여러 가지 가중치 방법에 대해 좀 더 구체적인 견해를 밝힌 Phillips(1993)는 주관적 방법에 의한 것이 스트레스와 스트레스 결과 사이에 더 의미 있는 관계가 나타난다고 하며 극도의 고통을 주는 생활사건은 객관적 방법에 의한 가중치가 좋으나 사소한 생활사건이나 일상의 좀 애매하고 비특정적인 일상적인 상황은 주관적 방법이 더 적절하다고 한다.

지금까지 생활사건 스트레스 측정상에 나타나는 주요 문제들을 살펴보았다. 스트레스 측정과 관련된 여러 문제에 대해 단정적인 결론을 내리기는 어려운 점이 많다. 이러한 점은 스트레스 측정에 대한 치밀한 연구의 부족도 그 원인으로 볼 수 있으나 인간의 스트레스 과정 자체가 인간의 내적, 외적 조건에 미치는 영향이 워낙 다양하고 복잡하며 서로 역동적으로 상호 작용하므로 근본적으로 측정을 어렵게 만들기 때문이기도 할 것이다. 결국 연구자의 관점, 연구목적이나 방법, 대상 및 상황에 따라 가장 적절한 방법을 선택적으로 사용할 수밖에 없을 것이다.

4. 생활 속의 스트레스

앞에서 살펴본 다양한 생활사건은 사람이 살아가는 영역에 따라 다양하게 나타나며 그 특징들이 다를 수밖에 없다. 가정, 직장, 학교는 우리가 가장 많이 머물며 생활하는 곳이며 가장 영향이 큰 생활공간이다. 이러한 생활공간에서 많은 생활사건이 발생하며 이것들이 스트레스의 근원으로 작용하는 것이다.

1) 가족스트레스(Family Stress)

(1) 가족스트레스의 개념과 원인

21세기로 들어서면서 사회의 다양한 변화가 이루어지고 가정 또한 많은 변화가 있어 왔다. 전통적인 대가족에서 소가족 내지는 핵가족으로의 가족단위의 변화, 가족역할의 변화, 사회적 현상의 하나가 되어 버린 이혼율의 증가와 이에 따른 한 부모 가정과 여성부양인구의 증가, 미혼 남녀 동거 수 증가, 국제화에 따른 타 인종 간의 결혼 등이 증가 추세에 있다. 이러한 변화는 가족 구성원들로 하여금 변화에 따른 적응을 요구하게 되고 적응과정에서 스트레스에 노출되게 마련이다. 또 가족의 구조적, 기능적 변화 외에도 근본적으로 가정은 구성원들 간에 서로 상호 작용하는 하나의 체계로 볼 수 있으며 이 가족 체계가 원만하게 기능하지 못하게 될 때 여러 가지 스트레스를 경험하게 된다. 가족스트레스에 대한 정의는 다양하게 제시되고 있다.

Hill(1949)은 스트레스 원인에 대한 가족의 반응의 기능으로 개념화하여 가족스트레스를 아직 다루지 못한 채로 남아 있는 스트레스 원인(stressor)에 의해 일어나는 긴장상태로 정의한다. McCubbin과 Patterson(1983)은 가족이 기능하는 데 있어 실제적인 혹은 지각된 요구와 능력의 불균형으로 인한 적응을 요하는 상태라 하였다. Olson(1983)은 적응을 필요로 하는 실제 혹은 인지된 요구로부터 일어나는 긴장상태라고 하였다. Boss(1988)도 개인과 가족이 시간의 흐름에 따라 발달과 변화를 해 나가는 과정에서 불가피하게 경험되는 가족체계 내의 긴장과 압력으로 보았다. 결국 가족스트레스는 가족이 스트레스원인에 직면하여 원인 그 자체에 의하여 혹은 이 원인에 대응하는 가족체계가 적응하지 못하여 일어나는 긴장상태로 볼 수 있다.

Rice(1992)는 가족과 스트레스를 관련시키는 것이 왜 중요한지를 설명하고 있다.

첫째, 스트레스는 가족 내 어느 특정 구성원에게만 영향을 미치는 일이 드물다. 대체로 가정 밖에서 발생한 스트레스는 정도의 차이는 있으나 가족성원 전부에게 영향을 미치게 된다. 또한 가족 구성원이 스트레스에 반응하는 방식은 다른 가족 구성원이 감내해야 하는 부담과 반응양식에 영향을 주게 된다.

둘째, 가족 자체가 스트레스의 기회를 제공한다. 즉 가족생활 주기는 배우자 선정, 결혼생활의 적응, 임신, 자녀양육, 퇴직 등 여러 단계가 있으며 이들 단계를 거치는 동안 즐거움뿐만 아니라 스트레스를 내재하고 있기 때문이다.

셋째, 가족은 스트레스를 해결하고자 시도하는 출처가 된다. 사람들이 자신의 자원으로 먼저 스트레스를 해결하고자 하며, 이것이 미흡할 경우 가족의 도움을 요청하고 그 후에야 외부의 도움을 추구하는 경향이 있기 때문이다.

그리하여 부모 - 자녀 간의 정서적 유대감 부족, 부모의 일에 대한 부담, 자녀의 비행, 십대 임신, 배우자 간의 정서적 유대감 약화, 배우자 사이의 의사소통 부족, 배우자 사이의 긴장, 이혼과 재혼,

엄마의 우울증, 가족 구성원들의 직업이 주는 영향, 부모의 실직, 가족 구성원의 질병이나 사고 등이 주요 스트레스 원인으로 나타나고 있다(Schnert, 1981).

이와 같이 가족스트레스는 다양한 근원으로부터 영향을 받아 가족체계 내의 불안정을 가져오게 되는데 이때 가족들의 반응은 스트레스원의 종류와 이를 관리할 수 있는 가족의 능력, 가족의 특징, 가족의 정서적·신체적 건강에 따라 달라진다(McCubbin et al., 1996).

(2) 가족스트레스 이론

가족스트레스에 대한 연구는 1930년대(Burgess, 1926; Angell, 1936; Cavan & Rank, 1938 등) 이래로 오늘날까지 이어져 오고 있다. 특히 1949년 전쟁 후 스트레스에 관한 Hill의 연구는 가족스트레스의 고전적 모델인 ABC-X 모델을 시작으로 여러 가지 경험적 연구(Broderick, 1970; Burr, 1973; Hansen, 1976; McCubbin, 1979 등)가 더해지면서 가족스트레스 연구와 여러 가지 이론 확립에 새로운 관심을 갖게 되었다(McCubbin et al, 1980).

① Hill의 ABC-X모델

이 모델은 전쟁 후 가족스트레스에 대한 연구로부터 나온 것으로 가족스트레스 이론의 고전적 모델이다. 이 모델에서 A는 스트레스원이 되는 사건, B는 위기에 대처하는 가족의 자원, C는 사건에 대한 가족의 정의, X는 위기이다.

```
→ A(사건)
→ B(위기에 대처하는 가족자원)와의 상호작용
→ C(사건에 대한 가족의 정의)와의 상호작용
→ X(위기) 발생
```

위에서 A는 가족의 사회적 체제를 변화시킬 만한 잠재력을 가진 생활사건이나 변화 혹은 이로 인한 어려움(hardship)을 뜻하며 실직이나 뜻밖의 죽음 등의 사건이 그 예가 된다.

B는 위기에 대응하는 가족의 자원을 의미하며 돈, 친구, 문제해결 능력 등의 예를 들 수 있다.

C는 사건에 대한 가족의 정의로서 이 사건이 그들의 지위나 목표에 대해서 위협적인지를 지각하고 판단하는 것을 말한다.

X는 가족위기의 전체의 양을 의미하는데 가족체계에서 일어나는 혼란의 정도를 뜻한다. 이는 안정성 회복에 대한 가족의 무능력을 초래하고 가족구조의 상호작용 유형에 변화를 가져오는 계속적인 압력이 된다(McCubbin & Patterson, 1983; Lindquist, 1998).

이 모델이 제시하는 인과관계는 본질적으로 직선적이고, X에 영향을 미치는 요인들은 상대적이고 인과관계를 갖고 작용한다.

② Koos의 롤러코스터(Roller Coaster) 모델

1946년 Koos는 스트레스에 처해 있는 동안 가족의 기능에 대한 롤러코스터(roller coaster) 모델을 제시했다(Lindquist, 1998). 이 모델은 그림에서 보듯 스트레스가 발생했을 때 이에 대한 가족의 기능을 개념화함으로써 가족스트레스에 대한 체계적 접근에 유용하다. Koos의 모델은 가족이 스트레스를 관리하는 과정을 4단계로 설명한다.

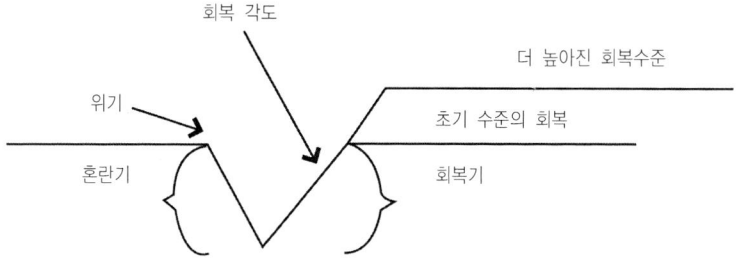

회복 각도

더 높아진 회복수준

위기

초기 수준의 회복

혼란기

회복기

Burr & Klein, 1994, p.35.

〈그림 2-4〉 롤러코스터 모형

첫 단계는 가장 왼쪽 부분의 수평선으로 스트레스 사건이나 상황이 일어나기 이전의 가족의 기능을 나타낸다.

두 번째 단계는 두 개의 대처단계 중 하나로서 하강선으로 나타내었다. 이 단계는 혼란(disorganization)으로 특징지을 수 있으며, 그 선이 많이 하강할수록 혼란의 수준은 더 심각한 것이다. 개인이 경험하는 혼란의 정도는 스트레스 유발원인에 대한 개인의 지각뿐만 아니라 개인적 요인들에 의하여 매개된 것이다(Boss, 1988).

세 번째 단계는 그림에서 상승선을 나타낸다. 이 대처기간은 회복기로 부르며 혼란기와 마찬가지로 가족 개인이나 스트레스 유발요인에 따라 다르게 나타날 것이다. 만약 대처 전략이 가족체계에 적절하지 않아서 스트레스를 잘 다룰 수 없다면, 회복 각도가 커지게 되고 그 가족은 장기간 혼란 상태를 겪게 된다.

마지막 4단계는 회복기가 끝났을 때 일어난다. 그것은 검토되었던 대처가 끝나고 가족의 기능이 평형상태로 다시 회복하게 되는 기간이다.

Boss(1988)는 Koos의 모델을 응용하여 초기 회복기 위에 확장된

선(점선)을 더 첨가하였다. 이 선은 스트레스 사건에서 회복된 가족의 기능이 더 개선되었음을 나타낸다. 위기가 가족의 기능을 영원히 붕괴시키는 것은 아니다. 그것은 일시적으로 가족을 고착시킬 수 있으나 전환점을 지난 후에는 기능의 또 다른 수준으로 이행될 수 있다. 많은 가족들은 위기를 경험하고 위기에서 회복된 후에는 원래보다 가족체계가 더 강해지게 된다(Boss, 1988).

③ Burr의 가족스트레스 이론

Burr은 1973년 Hill의 ABC-X 가족스트레스 모델을 수정하여 제시하였다. Burr은 취약성(vulnerability)과 재생력(regenerative power)의 개념을 도입하여 이후의 가족스트레스 연구와 이론을 체계화하는 데 자극을 주었다.

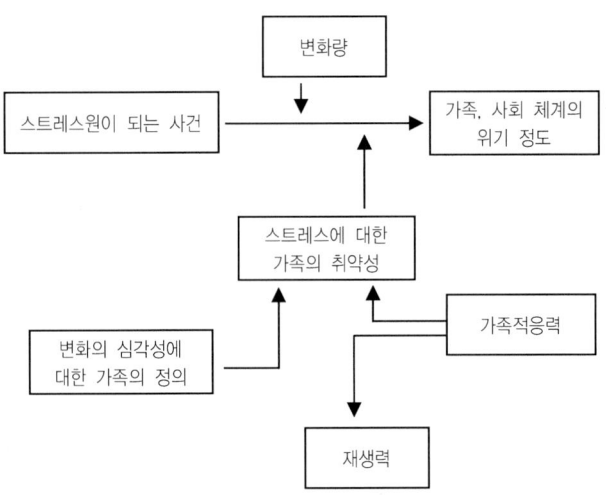

McCubbin et al.(1980). Journal of Marriage and the Family, 42(4), pp.855-872.

〈그림 2-5〉 Burr의 가족스트레스 모델

이 모델에서 보면 변화에 대한 지각과 가족 적응력은 스트레스에 대한 가족의 취약성에 영향을 미치게 되고, 가족의 적응력은 가족의 재생력에 영향을 준다. 가족 사회체계의 위기 정도는 스트레스 유발 사건, 변화량 그리고 스트레스에 대한 가족의 취약성과 관련이 된다. 이때 재생력은 스트레스 유발 요인이 되는 사건에서 야기된 분열로부터 회복하기 위한 가족체계의 다양한 능력이다(McCubbin et al., 1980).

④ McCubbin의 Double ABC-X 모델

1983년 McCubbin과 Patterson에 의하여 개발된 Double ABC-X 모델은 최근 가족스트레스 연구에서 가장 널리 사용되는 이론이다. 이 모델은 Hill의 ABC-X 모델을 바탕으로 하여 Hill의 모델에서 부족하다고 여겨지는 시간의 시점과 전 단계에서 발생한 위기의 누적 개념을 도입하여 발전시킨 것이다.

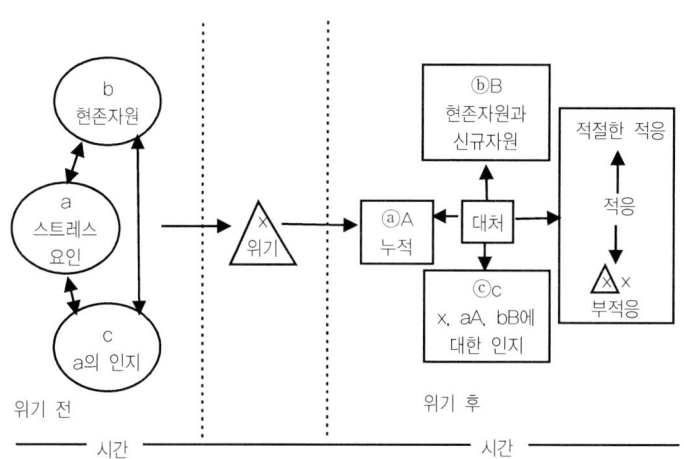

전세경(1988)에서 재인용

〈그림 2-6〉 McCubbin의 Double ABC-X 모델

이 모델은 스트레스 상황에서 위기 전 변수와 위기 후 변수들을 통해 가족의 스트레스에 대한 적응의 면을 중시하고 있다.

McCubbin(1983)은 가족스트레스는 스트레스 유발 요인에 의해 관리되지 않은 채로 남아 있는 긴장이나 위협으로 보았다. 위기 이후 행동을 평가하고 위기 상황에서 회복에 이르기까지의 시간의 경과에 따른 가족의 노력에 초점을 맞추었다.

그리고 대처의 개념을 중요하게 취급하여 위기 예방과 적응의 일부로서, 또 자원과 위기를 조절하는 수단으로서 대처의 중요성을 강조하였다. 이 과정에서 어떤 가족은 스트레스를 기능적으로 잘 대처하여 효과적으로 적응하는가 하면 역기능적으로 대처하여 가족기능의 장애를 초래하여 결국 문제 가정이 발생하거나 가족의 해체상태에 이르기도 한다는 것이다. 대처 전략의 관점이 체계적인 모델에 사용되었을 때, 그 관심은 가족의 대처 전략이 어떻게 가족의 스트레스 수준에 직접적으로 영향을 미치는가보다는 이러한 대처 전략이 그 스트레스를 다루려는 시도에 있어 가족의 체제에 영향을 미치는가에 있다(McCubbin & Patterson, 1983). 결국 McCubbin은 가족스트레스 연구는 기본적으로 어떤 가족이 어떤 상황에서 어느 정도의 스트레스를 받으며, 어떤 과정을 통하여, 어떤 대책을 세우고 행동할 것인가를 분석하여 가족의 어려움을 해결하는 것이라고 보았다.

이 외에 FAAR(family adjustment and adaptation response) 모델, 유형학 모델(Typology model of family adjustment and adaptation)들(정미숙, 2005)과, McCubbin 등의 적응유연성 모델(1983), Conger

등(2000)의 가족스트레스 모델 등이 최근에 제시되고 있으며, 특히 환자, 가난 등 가족의 스트레스 상황과 관련된 연구들이 많이 이루어지고 있다.

2) 직무스트레스(Work Stress; Job Stress)

(1) 직무스트레스의 개념

중세 산업혁명은 직업의 본질과 조직을 크게 변화시키게 되었다. 집에서 일하던 많은 사람들은 공장에서 일하게 되었고 공장은 많은 사람이 모여서 일하는 조직을 갖게 되었다. 조직 속의 일원이 된 근로자들은 조직의 한 부분이 되어 사용자와 근로자의 관계, 조직의 효율성의 제고, 조직원 간의 상호작용 등에서 많은 스트레스에 직면하게 되었다. 이와 같이 직무스트레스는 직무(직업)에 종사하는 개인과 그들의 환경 사이에서 발생하는 특수한 관계에서 나온다고 볼 수 있다. Cooper와 Marshall(1976)은 직무스트레스를 특정직무와 관련된 부정적 환경 요인 또는 스트레스 요인으로 정의하였고, French(1982)는 개인의 기술, 능력, 직무욕구의 부적합, 그리고 직무모순에 의해 제공되는 개인의 욕구와 부적합을 직무스트레스라 하였다. 또 Schuler(1980)는 직무스트레스를 개인 자신의 욕구나 능력 및 성격이 환경적 요구와 일치하지 않을 때 발생하는 것으로 보았고, Eden(1996)은 만족스럽게 직무를 수행하는 데 있어 개인의 능력에 위협을 주는 환경 내에서 발생하는 역할요구로 정의하고 직무스트레스는 주로 역할요구에서 비롯된다고 하였다. 그리하여 이러한 직무스트레스로 인하여 긴장이나 불안 등을 유발하고 그 결과로 각종 질병, 실직 등 심리적, 행동적, 신체적 결과를 나타내기도 하는 것이다.

그러나 직무스트레스는 부정적 영향만 끼치는 것이 아니다. 잘 알려진 Yerkes와 Dodson(1908)은 적절한 직무스트레스는 순기능적 영향을 미친다고 보고하고 있다. 즉 적정 수준의 직무스트레스는 긍정적 효과를 나타내어 조직구성원들에게 업무능률의 향상이나 도전 및 성장 발달을 도모하는 계기가 되기도 한다. 또 직무스트레스는 개인과 환경 또는 개인과 상황의 상호작용에서 이해되어야 한다는 소위 개인 - 환경 적합모델(person - environment fit model)이 제시되기도 하였다(Philip & Lee, 1980).

(2) 직무스트레스원

직무스트레스의 원인이 되는 요인들은 연구자에 따라 다양하게 제시되고 있다. 간단하게 조직 내적 요인과 조직 외적 요인(Ivancevich & Matteson, 1980)으로 구분하여 분류하는가 하면, Marshall과 Cooper (1976)는 직무의 고유특성, 조직역할, 조직 내의 관계, 경력개발, 조직구조와 분위기, 조직 외부의 장애, 개인의 특성으로 분류하였다. 또 Osipow와 Spokane(1992)은 조직원이 경험하는 직무요구와 작업환경 자체에 한정하여 직무가 개인의 능력이나 환경적 조건을 초과하여 직무수행에 어려움을 겪는 역할과부하(work overload), 자신의 능력에 비해서 수행하는 직무와 요구되는 역할이 단순하거나 적을 때 또는 반대로 직무에 요구되는 능력의 성숙도가 낮아서 스트레스 요인으로 작용하는 역할불충분(role insufficiency), 직무목표,

책임한계, 우선순위 등과 같이 자신의 직무에 대한 정보가 명확하지 않을 때 발생하는 역할 모호성(role ambiguity), 두 가지 이상의 역할 요구가 서로 상반되는 상황에서 발생하는 역할경계(role boundary), 책임감 지각에 따른 과도한 책임감(responsibility), 소음, 온도, 조명, 공기오염, 진동 등과 같은 물리적 환경(physical environment)으로 구분하고 있다.

한편 Holt(1993)는 연구자들이 연구에서 사용한 주요 독립변인들을 정리하여 객관적 스트레스 요인과 주관적 스트레스 요인으로 나누어 다음 <표 2-2>와 같이 제시하고 있다.

〈표 2-2〉 직무스트레스 연구에서 측정된 스트레스 유형(독립변인들)

Holt, 1993, pp.344-345.

객관적으로 정의된 스트레스 요인	작업환경의 물리적 특성	물리적 위험요소, 만성적 위험물(Aithouse & Hurrell, 1977), 오염, 즉각적인 위험요소가 아닌 것(House, 1972), 극심한 더위, 추위, 습도, 기압 등(Biersner & Associates, 1971), 소음(Glass & Singer, 1972), 다루기 힘든 기계설비(Swain & Guttmann, 1980).
	시간 요인	시간범주나 작업일수의 변화(McFarland, 1974), 작업시간의 변동(Rentos & Shepherd, 1976), 마감시간(Pearse, 1977), 시간적 압력(Schmidt, 1978).
	직무 또는 직무체제의 사회조직적 특성	기계의 작업속도(Murphy & Hurrell, 1980), 조직 또는 관리상의 불편, 관료주의(Cummings & DeCotiis, 1973), 작업량, 과도한 작업량(Caplan, 1972), 책무성(Cobb, 1973), 단조로움(Quinn, 1975), 내적 보상의 활용(House, 1972), 외적 보상의 활용(House, 1972), 노동관리 관계의 부족(Colligan & Murphy, 1979), 그 외 참여, 성과급 대 시간급 등.
	직업의 변화	실직(Cobb & Kasl, 1977; Jahoda, 1979), 갈등(Kasl & French, 1962), 작업의 질적 변화(Lederer, 1973), 고속승진(Brook, 1973), 근무지 이전(Renshaw, 1976), 교대시간의 변화(Theorel, 1974), 변화 없음(Jolly, 1979).

주관적으로 정의된 스트레스 요인	역할 관련	역할의 애매성 대 명확성(Kahn, 1973), 역할갈등(Kahn, 1973), 역할긴장(MacKinnon, 1978), 작업과정에 대한 통제 정도(Frankenhaeuser & Gardell, 1976), 사람에 대한 책무성(Cobb, 1973), 참여(Caplan & associates, 1975), 피드백과 의사소통의 문제(Moch, Bartunek, & Brass, 1979).
	기타 여러 내용	일의 복잡성과 질적 부담(Caplan et al., 1975), 작업부담의 대소, 양과 질의 갈등(Kahn, 1973), 감독자와의 관계(Theorel, 1974), 상관의 지원 부족 혹은 상관에 의한 수행 부족(Pearse, 1977), 동료와의 관계나 고립(Theorel, 1974), 부하와의 갈등 혹은 수행 부족(Pearse, 1977), 고객 또는 사회와의 관계에서 갈등이나 압력(Kroes & associates, 1974), 장래성, 직업 안전성 부족(Caplan et al., 1975), 단조로움(Quinn, 1975), 보수의 불평등, 능력발휘 부족(Caplan et al., 1975).
	개인과 환경의 적합성	역할모호성(Caplan et al., 1975), 사람에 대한 책무성(Caplan et al., 1975), 일에 대한 책무성(French, 1973), 업무의 양적 부담, 직무의 복잡성(Caplan et al., 1975), 작업과정에 대한 통제의 정도(Harrison, 1976), 참여(French, 1973; Singer, 1975), 승진기회(French, 1973).
	직장 외의 스트레스	잡다한 스트레스에 따른 생활의 혼돈(Neves, 1969), 스트레스 생활사건(Dohrenwend & Dohrenwend, 1974), 직장여성에 대한 남편과 자녀의 요구(Woldron, 1978).

이와 같이 직무스트레스는 다양한 변인들이 제시되고 있는데 이러한 직무스트레스 연구에서 스트레스원들에 의해 여러 가지 부정적 결과가 초래되며 이 과정에서 매개변수들이 개입되는 패러다임이 일반적이다(Holt, 1993).

(3) 직무스트레스의 모형

스트레스원은 질병이나 부정적 결과와 직접적으로 매개되기도 하나 여러 가지 요인이 조절변수로 등장하여 그 결과에 영향을 미치게 된다. 직무스트레스에 있어 이러한 과정을 설명하기 위한 모형이 여러 가지 제시되고 있으나 여기서는 Matteson과 Ivancevich (1987)의 경영 관리적 스트레스 통합모형을 예시적으로 살펴본다.

이 모형은 그림에서 보듯 스트레스원이 되는 스트레스 요인, 이러한 요인이 스트레스를 일으키게 하는 개인의 평가와 지각, 스트레스 작용에 따른 효과와 반응, 그리고 그 결과 등을 그 구성요소로 하고 있다. 또 스트레스요인, 스트레스 반응 그리고 그 결과 간에 영향을 미치는 여러 가지 조절변수(modulating variable)들도 제시하고 있다.

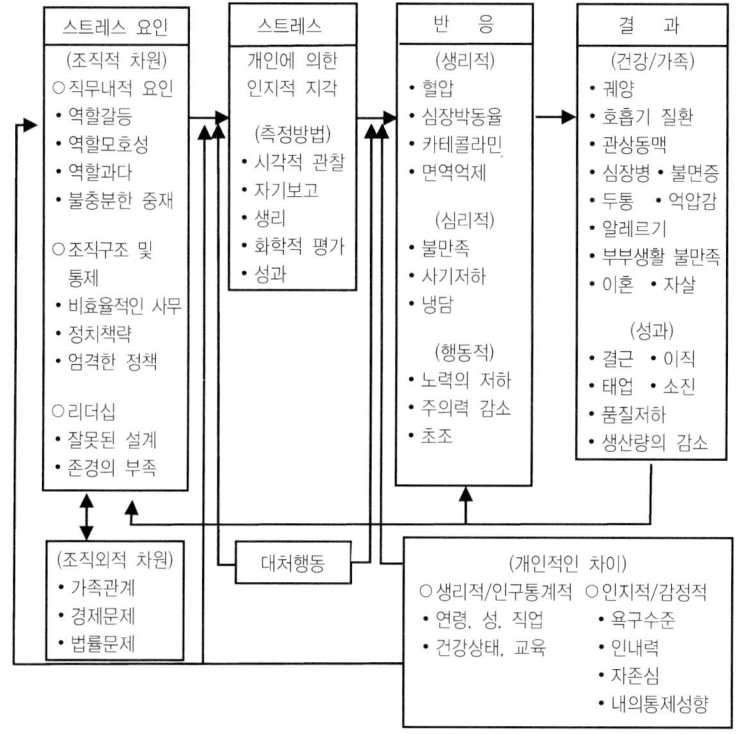

Matteson & Ivancevich(1987), Controlling Work Stress: Effective Human Resource & Management Strategies, San Francisco, CA: Jossey - Bass, p.27.

〈그림 2-7〉 경영 관리적 스트레스 통합모형

이와 같이 직무스트레스의 여러 가지 모형(예: House, 1974; Parker

& DeCotiis, 1983; Matteson & Ivancevich, 1987)이나 연구 결과들을 보면 여러 가지 형태의 직업은 특정 환경하에서 대부분의 사람들에게 부정적인 영향을 주고 있다는 사실이다. 결국 직무스트레스의 일반적인 연구는 특정 매개 변수 조건(조절변인)에서 스트레스(독립변인) - 부정적 결과(종속변인)의 패러다임을 그 바탕으로 하고 있음을 볼 수 있다(Holt, 1993).

3) 학교스트레스(School Stress)

학교는 아동들이 성장하여 가정에서 사회로 생활범위가 확대되는 곳이며 거기서 교사와의 관계, 친구 간의 사회적 관계가 맺어지는 사회관계의 장일 뿐만 아니라 학업성취라는 목적을 갖고 생활하는 곳이기 때문에 학교에 대한 적응, 대인관계, 시험 및 과제수행 등에 따른 스트레스를 경험할 소지가 많은 곳이다(Sears & Milburn, 1990). 학교는 인간의 성장 발달 과정에서 가장 중요한 시기인 아동기와 청년기의 대부분을 보내는 곳이며, 학생들의 일과 중 대부분의 시간을 보내는 곳이다. 학교는 그 특징상 교육과정이 있고, 교사와 학생은 이를 실천하는 과정에서 학업성취에 과도한 관심을 갖는다. 교실생활은 규칙이 있고 물리적 환경은 획일적이고 규칙적이다. 학교사회는 힘(Power)이 구분되는 곳이기도 하다. 교사와 아동은 권위에서 상대적인 위치에 있고, 학생들은 친구관계에서 심리적인 역학적 구도를 형성하기도 한다. 고등학생에게 대학입시는 상당한 스트레스 요인이다. 대학생 역시 공부부담, 교수와의 관계, 과제와 시험 및 취

업의 문제에 이르기까지 다양한 요인들에 의해 스트레스를 받게 된
다. 이와 같이 다양한 요인에 의해 학생들은 여러 가지 스트레스를
받고 있으며 그 결과 다양한 부정적 결과를 초래하게 된다.

(1) 학교스트레스의 원인

아동이 학교에서 경험하게 되는 스트레스 원인은 여러 가지로
확인되고 있다. Conners(1983)는 학교의 환경이나 시설과 관련하여
좌석 배치, 교실 내의 시설물 배치, 아동의 밀집 정도와 혼잡 정도,
소음, 사생활 공간 등이 교사 아동 모두에게 스트레스 요인이 된다
고 했다. 학교와 관련된 스트레스 연구를 살펴본 Sears와 Navin
(1983), 그리고 Elkind(1988)은 학교스트레스 요인을 종합하여 학교
등교불안, 불량배, 전학, 교사와의 갈등, 좋은 성적과 상을 받기 위
한 경쟁, 교우관계의 문제, 시험에서의 실패, 운동 시의 경쟁, 수업
중의 여러 사람 앞에서의 발표나 보고, 학부모의 학업성취에 대한
무관심, 학습장애, 숙제, 형제관계에서 동생보다 우수해야 한다는
기대감, 친구의 놀림, 학업성취에 대한 부모의 기대, 시험에 대한
걱정, 남보다 우수해야 한다는 인식 등 다양하게 제시하고 있다.
아동의 학교스트레스 척도를 구성하기 위해 요인분석을 실시한
Phillips(1978)는 주로 공부와 관련된 성취 관련 요인과 사회성 요인
(대인관계) 2개 요인을 확인하고 있고, Helms와 Gable(1990)은 교사
와의 상호작용, 공부문제, 친구와의 상호작용, 학문적 자아개념 등
의 4개 요인을 제시하고 있다. 또 홍광식(1994)은 한국과 일본의
초중학생의 학교스트레스 요인을 비교한 결과 우리나라 아동들이

대인관계, 학업성취 압력, 집단생활 부적응, 학교에서의 지원결여로 그 요인이 확인되었다. 특히 우리나라 학생들은 일본에 비해 대인관계와 학업성취 때문에 더 많은 스트레스를 받고 있었다. 정동화(1995)는 학교스트레스 검사척도에서 친구관계, 교사관계, 공부문제, 개인문제와 학교환경, 이성친구의 5개 요인에서 48개 문항을 제시하고 있는바 그 문항내용은 다음 표와 같다.

〈표 2-3〉 학교스트레스 척도

1	전학을 했다.	25	성적이 나빠 원하는 대학에 못 갈 것 같다.
2	학교에서 물건을 잃어버렸다	26	효과적인 공부 방법을 모르겠다.
3	학교 시간표가 꽉 짜여 있다.	27	친구와 싸웠다.
4	학교 주변이 너무 소란하다.	28	친구가 나를 무시했다.
5	학교에서 맡은 역할이 부담이 되었다.	29	친구의 물건을 망가뜨렸다.
6	교실이 너무 덥거(여름)나 춥다(겨울).	30	친구의 성적이 좋아졌다.
7	원하는 상을 받지 못했다.	31	친구들이 나를 따돌렸다.
8	선생님이 차별대우 하셨다.	32	내 짝이 나를 괴롭혔다.
9	선생님이 너무 엄하시다.	33	친구가 빌린 것(돈, 물건 등)을 갚지 않았다.
10	선생님이 원하시는 것이 무엇인지 모르겠다.	34	친구와 싸워 친구를 다치게 했다.
11	선생님이 공부만 강요하신다.	35	친한 친구가 전학을 갔다.
12	선생님께 맞았다.	36	친구가 반장이 되었다.
13	선생님의 설명이 잘 이해가 되지 않는다.	37	친한 친구와 짝이 되지 않았다.
14	선생님이 우리의 변명을 듣지 않으셨다.	38	친구에게 불행한 일이 생겼다.
15	남자 선생님(혹은 여자 선생님)이라서 싫다.	39	친구들이 내 별명을 불렀다.
16	선생님이 우리를 잘 빈정댄다.	40	좋아하는 이성 친구가 다른 사람을 좋아했다.
17	선생님이 짜증을 잘 내셨다.	41	나를 좋아하는 이성친구가 없다.
18	숙제가 너무 많다.	42	좋아하는 이성친구가 나에게 관심이 없었다.
19	성적이 나빠 부모님께 꾸중을 들었다.	43	좋아하는 이성친구 생각만 났다.
20	다른 아이들보다 공부를 못했다.	44	게임에 졌다.
21	성적이 전보다 떨어졌다.	45	운동이나 놀이할 때 친구들이 잘 끼워 주지 않았다.
22	어떤 한 과목을 특히 못했다.	46	친구의 돈이나 물건을 훔쳤다.
23	공부 못한다고 친구가 놀렸다.	47	생김새 때문에 놀림을 받았다.
24	학교 공부시간이 너무 지루했다.	48	신체 중 부끄러울 정도로 잘 못생긴 곳이 있다.

한편 중고등 학생의 스트레스를 조사한 황정규의 연구결과를 보면 중고등학교 시기에 가장 많이 경험하는 학교생활스트레스는 동성친구와의 관계, 학업성적, 선생님과의 관계, 신체변화와 관련된 생활사건 순으로 스트레스를 경험하는 것으로 나타났다. 김교헌과 전겸구(1993)는 중학생들이 대인관계 영역보다는 당면과제 영역에서 더 많은 스트레스를 경험하고 있고, 가장 많은 스트레스 요인은 학업문제와 건강 및 신체발육 문제였다. 결국 학생들은 학교에서 주로 공부와 관련된 요인, 교사관계, 친구관계를 비롯하여 학교환경이나 신체발육 등이 학교스트레스의 원인으로 작용하고 있음을 알 수 있다.

(2) 학교스트레스의 과정

학교는 여러 가지 스트레스 요인에 의해 학생들에게 여러 가지 부정적 결과를 초래할 수 있다. Phillips(1978)는 Lazarus(1966)의 스트레스 이론에 기초하여 학교스트레스와 불안의 패러다임을 다음 그림과 같이 제시하고 있다.

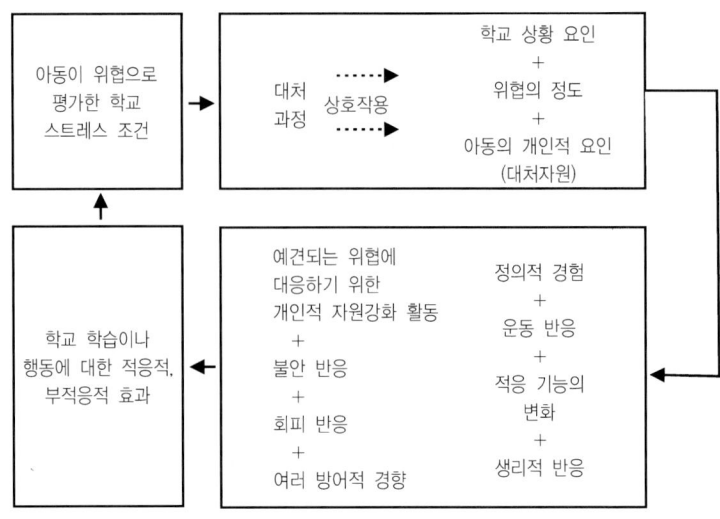

〈그림 2-8〉 학교스트레스 과정

<그림 2-8>에서 아동이 학교에서 일단 위협으로 평가한 스트레스 조건이 되면, 예견되는 위험을 줄이거나 제거하기 위한 대처과정에 들어간다. 이 대처활동에는 위협의 수준, 학교상황 요인 및 위협을 다루는 개인적 요인이 포함되어 상호 작용한다. 대처활동의 결과 정의적 경험, 운동반응, 적응기능의 변화, 생리적 반응이 나타난다. 여기에서 더 나아가 불안반응, 예견되는 위협에 대처하기 위한 개인의 자원을 강화시키는 활동, 공격반응, 회피반응 및 여러 가지 방어적 경향 등 다양한 전략이나 반응형태가 나타난다. 개인자원의 강화나 불안반응, 공격반응 및 다양한 방어적인 경향은 학교학습이나 행동에 영향을 주게 되고 그에 따른 부적응적 결과는 다시 새로운 학교스트레스 요인이 된다.

한편 국내의 한준상(1966)은 학교의 스트레스의 발생과정 및 결

과를 표와 같이 제시하여 설명하고 있다.

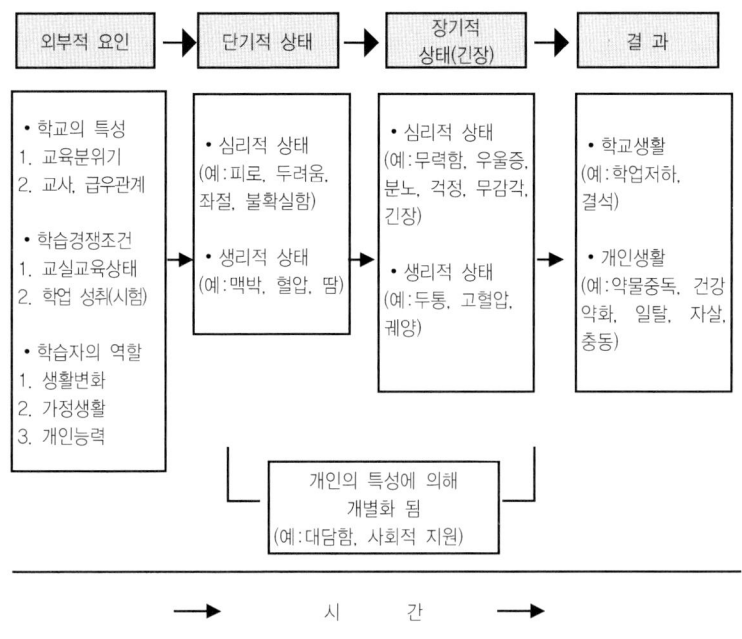

한준상, 1996, p.141.

〈그림 2-9〉 학교스트레스 발생과정 및 결과

그에 의하면 학교스트레스는 학교의 특성으로부터 시작되는데 학교교육의 분위기, 교사와 급우들과의 관계, 학업성취에 대한 압력으로부터 촉발된다. 이러한 학교스트레스 구조가 개인에게 자극을 주게 되면, 단기적인 상태에서 장기적인 상태에 이르기까지 장시간 동안 심리적으로나 생리적으로 부적절한 피로감을 형성하게 된다. 그 결과 정신건강은 여러 가지 부적응적인 상태, 즉 학교생활에서의 부적응, 진로결정 포기, 자기정체감 상실 상태에 빠지게 된다. 심지어 자살에 이르거나 심장병과 같은 질환에 시달리게까지 된다. 이러한 영향으로 장기적인 상태에 들어가면 내면화되어 우울이나 불안이나 외면화되어 비행이나 공격성과 같은 반응이 복합적으로 나타나게 되고 이는 학업성취나 개인생활에도 영향을 주게된다. 한편 어린 학생들뿐 아니라 대학생들 역시 다양한 스트레스과정을 겪고 있다. 발달과정으로 보면 청년 후기에 속하는 대학생들은 학업, 자아정체감 확립, 장래에 대한 대비, 미래의 불확실성, 부모로부터의 독립 등으로 인한 많은 스트레스 속에서 생활하고 있다(한주리, 남궁 은정, 2008). 대학생의 생활스트레스 내용을 보면 전겸구, 김교헌과 이준석(2000)은 대학생용 생활스트레스 척도 개발 연구를 통해 학업문제, 이성관계, 친구관계, 가족관계, 교수와의 관계, 경제문제, 장래문제, 가치관 문제 등 8개 요인을 확인하여 제시하고 있다. 박영주 등(2002)은 남녀대학생이 비교적 많이 경험한 스트레스 내용은 이성 간의 관계, 가정경제상태가 어려워짐, 가족과 떨어져 살게 됨, 흡연이나 음주를 시작하는 것, 스스로 건강상태가 좋지 않다고 느끼는 것 등을 보고하고 있다. 한금선과 김근면(2007)은 간호대학 학생들이 일반대학 여학생보다 스트레스 수준이 낮게 나타났다고 보고하고 있다. 이는 간호대학 학생들이 다양한 건강관리법을 학습함으로써 보다 나은 스트레스 대처를 하기때문으로 해석하고 있다. 한금선 외(2007)의 연구에서는 스트레스 증상을 측정한 결과 대학생의 스트레스가 신체, 심리, 및 인지적인 증상으로 나타나는 정도가 일반중년 여성보다 높게 나타났으며, 특히 신체적인 스트레스 증상 정도가 가장 높게 나타났다. 김영상(2003)은 국내 연구결과를 정리하여 대학생들이 나타내는 주요 생활스트레스로는 학업문제, 대인문제, 대인관계, 가족관계, 친구관계, 경제문제, 진로문제, 가치관문제 등을 들고 있다. 이러한 대학생의 스트레스는 다양한 신체, 정신적 스트레스 증상으로 발현되는데, 생리적 증상(두통, 위통과 위경련, 요통, 혈압상승, 피로감, 심박수 증가 등), 행동적 증상(울음, 교통사고, 건망증, 고함, 비난, 자기과시, 강박적 행동, 공격성 등), 정서적 증상(걱정, 우울, 흥분, 조바심, 분노, 좌절감, 고독감, 무력감, 불안 등) 등이 나타나게 된다(김차희, 이민규, 2006; 최미경, 조용래, 2005; 공수자, 이은희, 2006; 김윤배, 2007; 한금선, 2005; Fisher, 1994). 이와 같이 대학생들은 성장 발달하는 과정에서 환경과 상호 작용하면서 필연적으로 스트레스를 경험할 수밖에 없고 이로 인한 다양한 부적응적 결과로 말미암아 정신건강에도 지대한 영향을 미치게 된다. 개인이 환경과의 상호작용 속에서 원만하게 성장 발달하기 위해서는 환경의 여러 요구에 적절하게 대처하는 것이 무엇보다 중요하다.

〈참고문헌〉

공수자, 이은희(2006). 여자 대학생들의 생활스트레스와 우울간의 관계에서 대처
방식의 매개효과. 한국심리학회지: 여성, Vol.11, No.1, 21 – 40.

김영상(2003). 대학생 생활스트레스와 대처방식에 관한 연구. 대구대학교 대학원
석사학위 논문.

김윤배(2007). 대학생의 스트레스 및 대처방식이 음주행동에 미치는 영향. 한서대
학교 대학원 석사학위논문.

김차희, 이민규(2006). 성격양식 및 대인관계 문제해결 능력이 생활스트레스와 우
울에 미치는 영향. 한국심리학회지: 건강. Vol.11, No.1, 163 – 175.

박영주 외 9인(2002). 한국대학생의 사회적 지지, 스트레스 생활사건 및 건강행위.
대한간호학회지 제32권 제6호. 792 – 802.

전겸구, 김교헌, 이준석(2000). 개정판 대학생용 생활스트레스 척도개발 연구. 한국
심리학회지: 건강. Vol.5, No.2, 316 – 335.

전세경(1988). 가족스트레스와 가족자원 및 적용에 관한 연구. 중앙대학교 석사학
위논문.

정동화(1995). 아동의 학교스트레스와 그에 따른 부적응에 대한 사회적 지지의 완
충효과. 고려대학교 대학원 박사학위논문.

정미숙(2005). 척수장애인 가족의 스트레스와 적응에 관한 연구 – 가족 적응유연성 요
인의 상호작용적 완충효과를 중심으로 – . 서울대학교 대학원 석사학위논문.

최미경, 조용래(2005). 생활스트레스와 지각된 불안 통제감 및 대처양식이 대학생
의 불안에 미치는 영향. 한국심리학회지: 임상. Vol.24, No.2, 281 – 198.

한금선(2005). 대학생의 자기효능감, 건강증진 행위와 스트레스 증상과의 상관관계.
대한간호학회지 제35권 제3호, 585 – 592.

한금선, 김근연(2007). 간호대학생과 일반여자대학생의 자존감, 건강증진행위, 가족
적응도 및 스트레스 증상비교. 정신간호학회지 제16권 제1호, 78 – 84.

한금선 외 5인(2007). 대학생의 대인관계 애착유형, 정서조절, 스트레스 증상 간의
관계. 정신간호학회지 제16권 제2호, 198 – 204.

한주리, 남궁 은정(2008). 커뮤니케이션 능력 및 의사소통의 양과 질에 따른 대학생
의 스트레스와 스트레스 대처의 차이. 아동학회지 제29권 제1호, 325 – 337.

Aldwin, C. M.(1994). Stress, coping, and development – an integrative perpective,
New York: The Guilford Press.

Aldwin, C. M., Levenson, M. R., Spiro, A. Ⅲ., & Bosse, R.(1989). Does emotionality predict stress? Finding from the Normative Aging Study, Journal of Personality & Social Psychology, 56, 618 – 624.

Aldwin, C. M., & Revenson, T.(1986). Vulnerability to economic stress. American Journal of Community Psychology, 14, 161 – 175.

Aneshensel, C. S.(1992). Social stress: Theory and research. Annual review of Socialogy, 18. 15 – 38.

Arnold, M. B.(1960). Emotion and personality(Vols. 1&2). New york: Columbia University Press.

Beach, S. R. H., Sandeen, E. E., & O'Leary, K. D.(Eds.).(1990). Depression in marriage. New York: Guilford Press.

Beck, A. T.(1967). Depression: Clinical, Experimental, and theortical aspects. Philadelphia: University of Pensylvania Press.

Boss, P. G.(1988). Family stress. In M. B. Sussman & S. K. Steinments(Eds.), Handbook of marriage and the family. New York: Plenum press.

Brown, G. W., & Harris, T.(1978). Social origins depression: A study pschiatric disorder in women. New York: Free Press.

Burr, W.(1973). The theory construction and the sociology of the family. New York: John Wiley & Sons.

Caplan, R. D.(1975). A lessheretical view of life change & hospitalization. Journal of Psychosomatic Research, 19, 247 – 250.

Chiriboga, D. A.(1977). Life event weighting systems: A comparative analysis. Journal of Psychosomatic Research, 21, 415 – 422.

Cleary, P. J.(1980). A checklist for life event research. Journal of Psychosomatic Research, 24, 199 – 207.

Cleary, P. J.(1981). Problems of internal consistancy and scaling in life events schedules. Journal of Psychosomatic Research, 25(4), 309 – 320.

Cohen, S., & Hoberman, H. M.(1983). Positive events and social support as buffers of life change stress. Journal of Applied Social Psychology, 13, 99 – 125.

Cohen, S., Kessler, R. C., & Gordon, L. U.(1995). Measuring stress. New York: Oxford University Press.

Cohen, S., & Wills, T. A.(1985). Stress, social support, and the buffering hypothesis. Pschological Bulletin, 98(2), 310 – 357.

Conger, R. D., Cui, M., Bryant, C. M., Elder, G. H.(2000). Competence inearly adult romantic relationships: A developmental perspective on family influences. Journal of Personality and social Psychology.

DeLongis, A., Coyne, J. C., Dakof, G., Folkman, S., & Lazarus, R. S.(1982). Relationship of daily hassles, uplifts, and major life events to health status. Health Psychology, 1, 119 – 136.

Derogatis, L. R., & Coons, H. L.(1993). Self – report measures of stress. In L. Goldberger & S. Breznitz(2nd eds.), Handbook of stress – Theoritical and clinical aspects(pp.200 – 233). New York: Macmilan, Inc.

Dohrenwend, B. S., Askenasy, A. R. Krasnoff, L., & Dohrenwend, B. P.(1978). Examplication of a method for scaling life events: The PERI life events scale. Journal of Health & Social Behavior, 19(june), 205 – 229.

Dohrenwend, B. S., Dohrenwend, B. P.(Eds.).(1974). Stressful life events: Their nature and effect. New York: Wiley.

Dohrenwend, B. S., Dohrenwend, B. P.(1978). Some issues in research on stressful life events. The Journal of Nervous & Mental Disease, 166(1), 7 – 15.

Dohrenwend, B. S., Dohrenwend, B. P., Dobson, M., & Shrout. P. E.(1984). Symptoms, hassles, social supports, and life events: Problem of confounded measures. Journal of Abnormal Psychology, 93(2), 222 – 230.

Dohrenwend, B. P., Raphael, K. G., Schwartz, S., Stueve, A., & Skodol, A.(1993). The structured event probe and narrative rating method for measuring stressful life events, In L. Goldberger & S. Breznitz(2nd eds.), Handbook of stress – Theortical and clinical aspects(pp. 174 – 199). New York: Macmilan, Inc.

Eckenrode, J., & Gore, S.(1990). Stress between work ad family. New York: Plenum Press.

Fisher. S.(1994). Stress in Academic Life. Heather Eggins: SRHE and Open University Press.

Gersten, J. C., Langer, T. S. Eisenberg, J. G., & Orzeck, L.(1974). Child behavior and life event: Undesirable change or change per se? In B. S. Dohrenwend and B. P. Dohrenwend(Eds.), Stresful life events: Their nature and effects(pp.159 – 170). New York: Wiley.

Grant, J., Sweetwood, H. L., Yager, J., & Gerst, M. S.(1981). Quality of lifeevents in relation to pschiatric symptoms. Archives of General Psychaiatry, 38, 335 – 339.

Grant, J., Sweetwood, H. L., Gerst, M. S., & Yager, J.(1978). Scaling procedures in life events research. Journal of Psychosomatic research, 22, 525 – 530.

Herbert, T. B., & Cohen, S.(1996). Measurement issues in research on psychosocial stress. In H. B. Caplan(Eds.), Psychosocial stress – perspective on nature, theory, life – course, and methods(pp. 295 – 332). Sna Diego: Academic Press.

Hill, R.(1949). Families and Under stress. New York: Haper and Row Publishers.

Holmes, T. H.(1979). Development and application of a quantitative measure of life change magnitude. In J. E. Barrett, R. M. Rose, & G. L. Klerman(Eds.), Stress and mental disorder. New York: Raven Press.

Holmes, T. H., & Masuda, M.(1974). Life change and illness susceptability. In B. S. Dohrenwend & B. P. Dohrenwend(Eds.), Stressful life events: Their nature and effects(pp.45 – 72). New York: Wiley.

Holmes, T. H., & Rahe, R. H.(1967). The social readjustment rating scale. Journal of Psychosomatic Research, 11, 213 – 218.

Hudgens, R. W.(1974). Personal Catastrophe and depression: A consideration of the subject with respect to medically ill adolescents, and a requiem for retrospective life – event studies. In B. S. Dohrenwend & B. P. Dohrenwend(Eds.), Stressful life events: Their nature and effects(pp.119 – 134). New York: Wiley.

Hurst, M. W.(1979). Life changes and pychiatric symptom development: Issues of context, scoring and clustering. In J. E. Barrett(Ed.), Stress and mental disorder(pp.17 – 36). New York: Raven Press.

Hurst, M. W., Jenkins, C. D., & Rose, R. M.(1978). The assessment of life change stress: A Comparative & methodological inquiry. Psychosomatic Medicine, 40(2), 126 – 141.

Kanner, A. D., Coyne, J. L., Schaefer, C., & Lazarus, R. S.(1981). Comparision of two model of stress measurement: Daily hassles and uplifts versus major life events. Journal of Behavioral Medicine, 4, 1 – 39.

Lazarus, R. S.(1991). Emotion and adaptation. New York: Oxford University Press.

Lazarus, R. S., DeLongis, A., Folkman, S., & Gruen, R.(1985). Stress and adaptational outcomes – The problem of confounded measures. American Psychologist, 40(7), 770 – 779.

Lazarus, R. S., & Folkman, S.(1984). Stress, appraisal, and coping. New York: Springer.

Lindquist, J. E. L.(1998). Family stress and child behavior. A thesis sumitted partial fullfilment of the requiremets of the degree of master of arts. University of Victoria.

Lundberg, U. L., Theorell, T., & Lind, E.(1975). Life changes & myocardial infraction: Individual differences in life change scaling. Journal of Psychosomatic Research, 19, 27 – 32.

Maddi, S. R., Barton, P. T., & Pucetti, M.(1987). Stressful events are indeed a factor in physical illness: Reply to Schroeder & Costa(1984). Journal of Personality & Social Psychology, 52(4), 833 – 843.

McCubbin, H. I., & Pattern, J. M.(1983). The family stress process: The double ABCX model of adjust ansd adaption. In H. I., McCubbin, M. B., Sussman and J. M., Pattern(Eds.), Marriage and famly review: Social stress and the family. New York: Haworth Press.

McCubbin, H. I., Thompson, A. I., McCubbin, M.(1996). Family assessment: resiliency, coping, and adaptation. Madison, WI: University of Wisconsin System.

McGonagle, K. A., & Kessler, R. C.(1990). Chronic stress, acute stress, and depressive symptoms. American Journal of Community Psychology, 18, 681 – 705.

McCubbin, H. I., Joy, C. B., Cauble, A. E., Comeau, J. K., Patterson, J. M., & Needle, R. H.(1980). Family stress and coping: A decade review. Journal of Marriage and the family, 42(4), 855 – 872.

Monroe, S. M.(1982). Life events and disorder: Event – symptom associations & the course of disorder. Journal of Abnormal Psychology, 91(1), 14 – 24.

Monroe, S. M.(1982). Life event and disorder: Event – symptom association & the course of disorder. Journal of Abnormal Psychology, 91(1), 14 – 24.

Monroe, S. M., & Kelly, J. M.(1995). Measurement of stress appraisal. In S. Cohen, R. Kessler, & L. U. Gordon(Eds.), Measuring stress: A guide for health and social scientists(pp. 122 – 147). New York: Oxford University Press.

Neilson, E., Brown, G. W., & Marmot, M.(1989). Myocardial infraction. In G. W. Brown & T. O. Harris(Eds.), Life events and Illness (pp.313 – 342). New York: Guilford Press.

Olson, D. H.(1983). Families: What makes them work. Beverly Hills: Sate Publication.

Paykel, E. S.(1974). Life stress and Psychiatric disorder: Applications of the clinical approach. In B. S. Dohrenwend & B. P. Dohrenwend (Eds.), Stressful Life event: Their nature and effects (pp.135 – 149). New York: Wiley.

Paykel, E. S.(1979). Causal relationships between clinical depressio and life events. In J. E. Barrett(Ed.), Stress and mental disorder(pp.71 – 86). New York: Raven Press.

Paykel, E. S., Prushoff, B. A., & Uhlenhuth, E. H.(1971). Scaling of life events. Archives of General Psychiatry, 25, 340 – 347.

Pearlin. L. I.(1989). The socialogy study of stress. Journal of Health and Social Behavior, 30, 241 – 256.

Pearlin, L. I., & Schooler, C.(1978). The structure of coping: compulsive experience and its interpretation. Lexington, MA: Lexington Books.

Phillips, B. N.(1993). Educational and psychological perspectives on stress in students, teachers, & parents. Brandon Vermont: Clinical Psychology Publishing Co., Inc.

Rabkin, J. G., & Struening, E. L.(1976). Life events, stress, and illness. Science, 194, 1013 − 1020.

Rice, P. L.(1992). Stress & Health(2nd Edition). Belmont, California: Brooks/Cole Publishing company.

Rowilson, R., & Felner, R.(1989). Major life events, hassles, and adaptation in adolescence: Confounding in conceptualization and measurement of life events revisited. Journal of Personality and Social Psychology, 55, 432 − 444.

Sandler, I. S., & Guenther, R. T.(1985). Assessment of life stress events. In P. Karoly(Ed.), Measurement strategies in health psychology (pp.555 − 600). New York: Wiley.

Sandler, I. S., & Ramsay, T.(1980). Dimensional analysis of children's stressful events. American Journal of Community Psychology, *, 285 − 302.

Sarason, I. G., Johnson, J. H., & Siegel, J. M.(1978). Assessing the impact of life changes: Development of the experiences survey. Journal of Consulting and Clinical Psychology. 46(5), 932 − 946.

Schroeder, D. H., & Costa, Jr. P. T.(1984). Influence of life event stress on physical illness: Substantive effects or methdological flaw? Journal of Personality & social Psychology, 46(4), 853 − 863.

Schuler, R. S.(1980). Definition & Conceptualization of stress in organizations. Organizational Behavior & Human Performance, 1980. p.187.

Shrout, P. E.(1981). Scaling of stressful life events. In B. S. Dohrenwend & B. P. Dohrenwend(Eds.), Stressful life events and their contexts(pp.29 − 47). New York: Prodist.

Swearing, E. L., & Cohen, L. H.(1985). Life events & psychological distress: A prospective study of young adolescents. Developmental Psychology, 21(6), 1045 − 1054.

Thoits, P. A.(1983). Dimensions of life events that influence psychological distress: An evaluation and synthesis of the literature. In H. B. Caplan(Ed.), Psychosocial stress: Trend in theory and research (pp.33 − 101). New York: Academic Press.

Tuner, R. J., & Avison, W. R.(1992). Innovation in the measurement of life stress: Crisis theory and the significance of event resolution. Journal of Health and

Social Behavior, 33, 36 – 50.

Tuner, R. J., & Wheaton, B.(1995). Checklist Measurement of Stressful Life Events. In S. Cohen., R. C. Kessler., & L. U. Gordon(Eds.), Measuring Stress(pp.29 – 58). New York: Oxford University Press.

Wheaton, B.(1990). Life transition, role histories, and mental health. American Socialogical Review, 55, 209 – 223.

Wheaton, B.(1996). The domain and boundaries of stress concepts. In H. B. Caplan(Eds.), Psychosocial stress(pp.29 – 70).

Zautra, A. J., & Reich, J. W.(1983). Life events and perception of life quality: Developments in a two – factor approach. Journal of Community Psychology, 1, 121 – 132.

Zimmerman, M.(1983). Methodological issues in the assessment of life events: A review of issues and research. Clinical Psychology Review, 3, 339 – 370.

Ⅲ. 스트레스의 반응

인간은 위협적인 상황이나 어려움에 부딪힐 때, 즉 스트레스 상황에 놓이게 되면 신체적 변화를 비롯한 다양한 반응을 일으키게 된다.

1. 스트레스의 생리적 반응 과정

스트레스에 따른 생리적 과정과 이에 수반되는 여러 가지 반응들을 이해함으로써 스트레스가 무엇인지에 대한 이해를 도울 수 있다. 이에는 뇌, 내분비계, 자율신경계, 심혈관계, 소화기 계통이나 근육 등과 관련되어 설명이 된다.

1) 뇌(Brain)

스트레스를 일으키는 여러 가지 스트레스원들은 정신기능(mind)에 의하여 지각되고, 뇌가 이를 해석하며 이어서 신체의 나머지 부분에 어떻게 적응해야 하는지 지시하게 된다. <그림 3-1>에서 보듯 뇌는 대뇌피질(cerebral cortex)과 피질하부(subcortex)의 두 가지 요소로 구성되어 있다. 피질하부는 소뇌(cerebellum: 신체 운동 조정), 연수(medulla oblongata: 심장박동 호흡 등 기본 생리적 과정 조정), 뇌교(pons: 수면시간 조정)와 간뇌 등이 속해 있다. 간뇌는 정서조절을 위한 기능을 갖고 있다. 시상(thalamus)은 다른 신경계로부터 대뇌피질까지 감각충동을 연결한다. 스트레스 반응의 핵심 구조인 시상하부는 주로 자율신경계를 활성화시키는 기관으로 호르몬 균형, 체온, 혈관의 수축, 확장과 같은 기본적인 신체과정을 통제한다. 정서를 관장하는 변연계는 스트레스의 생리적 과정에 중요한 시상과 시상하부(간뇌)와 다른 조직을 갖고 있다. 변연계는 간뇌와 내적으로 연결되어 있고, 주로 정서와 정서에 따른 행동표현에 주로 관여한다. 변연계는 심리적·신체적 신호에 따라 두려움, 불안, 그리고 기쁨과 같은 정서를 만드는 것으로 여겨진다. 정서는 스트레스 반응에서 매우 중요한 역할을 하기 때문에, 변연계는 스트레스 생리를 논할 때, 매우 중요한 기관이다. 대뇌피질은(회백질로 불린다.) 언어나 판단과 같은 높은 수준의 추상적 기능을 담당한다. 대뇌피질은 뇌의 원시적인 영역도 조절할 수 있다. 예를 들어, 간뇌가 두려움을 인식할 때, 대뇌피질은 두려움이 위협적이지 않고, 극복 가능한 자극이라는 판단을 활용할 수 있다. 끝으로, RAS(reticular activating system: 망상 활성 체계)가 있다. 예전에는 피질과 피질하부의 기능은 두 갈래로 알려져 왔다. 즉, 인간의 행동은 뇌의 특정한 한 부분 혹은 다른 영역의 기능으로 알았다. 지금은 뇌 연구자들이 피질과 피질하부 사이의 신경학적인 연결로 정보를 주고받는 것으로 믿고 있다. RAS라 불리는 이 신경계는 정신과 신체를 연결하는 것으로 보고 있다. 이 망상체계는 일종의 양방향 통로로서, 상위의 지각 영역에서 지각된 메시지를 각 기관과 근육에 전달하고, 마찬가지로 근육과 기관이 지각한 자극을 개인의 피질로 올라가게 연결한다. 이런 방식으로, 순수한 신체적 스트레스원이 상위 사고영역에 영향을 줄 수 있고, 정신적 또는 지적으로 지각된 스트레스원은 신경·생리적 반응을 유발할 수 있게 된다.

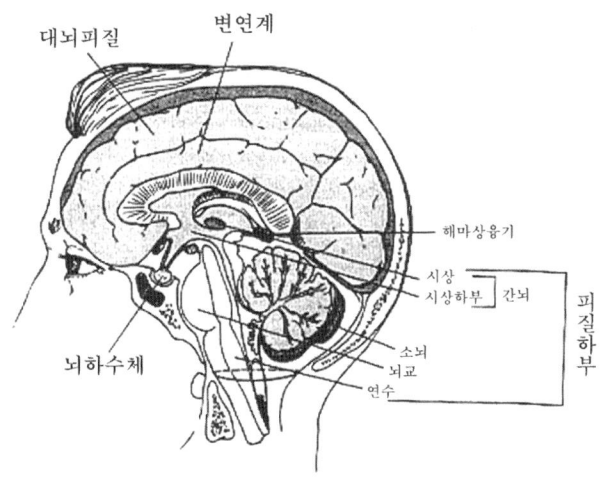

Greenberg, 1996, p.16.

〈그림 3-1〉 뇌

뇌가 나머지 신체 부위의 신체적 반응에 대해 대응하는 기능을 살펴보면, <그림 3-2>에서 보듯 스트레스원에 직면하게 될 때, 스트레스원에 처음 주목한 신체 부위(눈, 코, 근육 등)는 신경계를 통해 뇌에 메시지를 보낸다. 이 메시지는 망상 활성 체계를 지나 변연계나 시상에 도달한다. 정서가 발생하는 변연계와 교환기 역할을 하는 시상은 유입되는 메시지에 대해서 무엇을 할 것인가를 결정한다. 그리고 나면, 시상하부가 작동하게 된다. 시상하부가 스트레스원을 경험하게 되면, 두 개의 주요 스트레스 반응 경로를 활성화한다. 즉, 뇌분비계와 자율신경계이다. 뇌분비계를 활성화하기 위해 시상하부의 전엽은 피질 자극 방출요인(CRF: corticotropin releasing factor)을 방출하는데 이것은 뇌하수체가 뇌의 밑 부분에서 부신피질자극호르몬(ACTH: adereno corticotropic hormone)을 분비하도록 지시한다. 다음에는, 부신피질자극호르몬은 부신피질을 활성화시켜 부신피질호르몬들을 방출시킨다. 자율신경계를 활성화하기 위해 시상하부의 전엽에 의해 메시지를 보내게 되는데, 이것이 신경경로를 통해 부신수질에 보내진다. 시상하부는 몇 개의 다른 기능도 갖고 있다. 그중 하나는, 시상하부의 전엽에서 갑상선자극호르몬 방출요인(TRF: thyrotropic hormone releasing factor)을 방출하는 것이다. 이것이 뇌하수체로 하여금 갑상선자극호르몬(TTH: thyrotropic hormone)을 분비하게 만든다. 이어, 갑상선자극호르몬(TTH)은 갑상선으로 하여금, 호르몬인 티록신(thyroxin)을 분비하도록 자극한다. 또, 시상하부 전엽은 뇌하수체가 옥시토신(뇌하수체후엽호르몬의 일종)과 바소프레신(신경성 뇌하수체호르몬의 일종, ADH: antiduretic hormone, 항이뇨호르몬)을 분비하도록 자극한다.

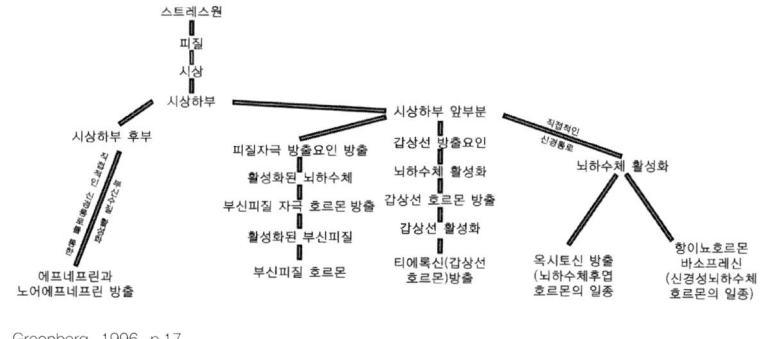

Greenberg, 1996, p.17.

〈그림 3-2〉 스트레스의 생리적 경로

2) 내분비계(The Endocrine System)

　스트레스의 생리적 과정에서 또 다른 중요한 신체 부위는 내분
비계이다. 내분비계는 호르몬을 분비하는 모든 내분비선(glands)을
포함하고 있다. 여기에서 분비되는 호르몬들은 신체조직의 기능을
변화시키고 다양한 목적을 수행하기 위하여 순환계를 통해 운반된
다. 내분비계는 뇌하수체, 갑상선, 부갑상선과 부신선을 비롯해 췌
장(이자), 난소(여자), 고환(남자), 송과선과 흉선들이 있다.

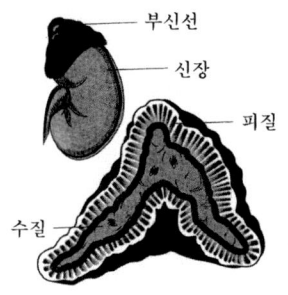

부신선

신장

피질

수질

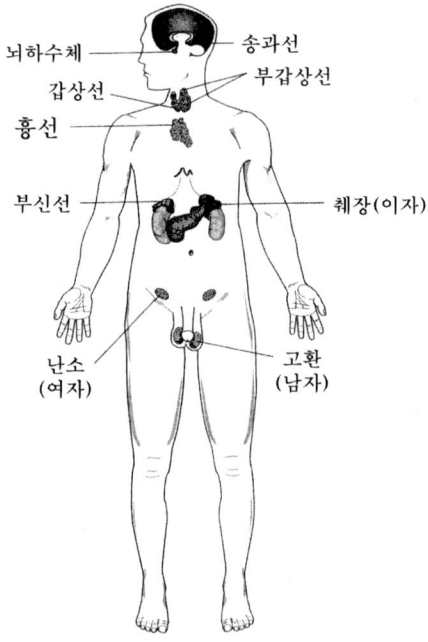

뇌하수체

송과선

갑상선

부갑상선

흉선

부신선

췌장(이자)

난소
(여자)

고환
(남자)

Greenberg, 1996, p.19.

〈그림 3-3〉 주요 내분비선

　시상하부 전엽이 CRT를 방출하면, 뇌하수체는 ACTH를 방출한
다. 부신선의 바깥층인 부신피질이 글루코코티코이드(glucocorticoids:

부신피질에서 분비되는 스테로이드 호르몬)와 무기질코트코이드(mineralocorticoids: 무기질 대사 부신피질호르몬으로 불리기도 한다)를 분비한다. 주요 글루코트코이드는 코티솔(cortisol) 호르몬이고, 주요 무기질코트코이드는 알도스테론(aldosteone)이다. 코티솔은 스트레스와의 싸움(투쟁 혹은 도피)에 화력을 제공한다. 코티솔의 주기능은 혈당을 높여 대비활동을 위한 에너지를 갖게 만든다. 그래서 간에서 아미노산을 글리코겐으로 전환시킨다. 글리코겐이 고갈되면 간은 아미노산으로부터 포도당(glucose)을 만들 수 있다. 이 과정을 글루코네오제네시스(포도당이 解糖系의 역경로에 의해 형성되는 과정)라고 한다. 코티솔의 또 다른 작용은 지방조직에서 지방산을 분해하고 단백질을 낮추며 동맥의 혈압을 증가시킨다. 이런 일들은 우리로 하여금 스트레스에 대항하여 싸우게 하거나 도피하게 만들기 위해 준비되는 것이다. 코티솔은 생리적 변화를 일으킨다. 가장 중요한 것 중의 하나는 흉선과 임파절에서 분비되는 임파구를 감소시킨다. 임파구는 우리 몸에 침투하는 박테리아와 같은 것을 파괴하는 역할을 하므로 면역체계의 효율성에 매우 중요하다. 코티솔이 면역에 중요한 임파구를 감소시키므로 결과적으로 코티솔의 증가는 면역반응의 효율성은 떨어뜨려 우리로 하여금 쉽게 질병에 걸리게 만든다. 알도스테론(aldosterone)도 역시 우리에게 행동을 위한 준비를 하게 만든다. 이것의 주요 목적은 혈압을 상승시켜 우리로 하여금 음식과 산소를 신체의 활동 부위(팔, 다리와 모든 기관)로 운반시키게 만든다. 알도스테론이 혈압을 상승시키는 방식은 혈액량을 증가시키기 위한 것으로 두 가지 방법에 의한다. 즉, 소변을 줄이고 소듐(나트륨)을 증가시킨다. 이 두 가지 방법은 결과적으로 신체 유동자원의 감소를 막고, 혈액량을 증가시키게 되어 결국 혈압이 상승되게 만드는 기제이다. 혈압은 심장수축과 심장확장으로 측정된다. 심장수축 혈압은 심장에서 혈액이 분출될 때 동맥벽에 가해지는 압력의 전체 양이고, 심장확장 혈압은 심장이 이완될 때 동맥벽에 가해지는 혈액의 압력이다. 젊은 성인들의 평균 혈압은 120/80으로 높은 수치는 수축(120㎜Hg), 낮은 수치는 확장혈압(80㎜Hg)이다. 알도스테론은 수축혈압을 15~20㎜Hg 상승시킬 수 있다. 건강 관련 학자들은 수축혈압 140㎜Hg 이상과, 확장혈압 90㎜Hg 이상이 만성적으로 측정되면 위해하다고 한다. 부신피질의 스트레스 반응과 함께 부신수질(부신선의 내부 부분)은 시상하부의 전엽에서 직접적인 신경연결을 통해 활성화된다. 이렇게 되면, 부신수질은 에피네프린(epinephrine: 흔히 아드레날린으로 부른다)과 노어에피네프린(norepinephrine: 노어아드레날린이라 부른다)을 분비한다. 이들 호르몬은 카테콜라민(catecholamines)이라는 유도물질에 의해 분비되는 호르몬으로서 뇌 이외의 신체 부위에 투사된다. 그래서 신체의 여러 가지 변화를 가져오게 되는데 구체적으로 보면,

1. 심장박동 증가
2. 혈액이 심장에서 분출될 때의 힘의 증가
3. 관상성 동맥확장
4. 기관지 확장(공기가 허파에 출입함으로써)
5. 기초대사율의 증가(모든 신체활동 과정이 빨라짐)
6. 팔, 다리, 피부나 근육에 있는 혈관의 수축
7. 산소 소모량의 증가

갑상선 역시 스트레스 반응에 관련된다. 뇌하수체의 TTH(갑상선 호르몬)에 의해 활성화되어 티록신(thyroxin)을 분비함으로써 다음과 같은 반응을 보이게 된다.

1. 기초신진대사율의 증가
2. 지방산 분해의 증가
3. 포도당 형성의 증가
4. 위장 내 이동성의 증가(종종 설사로 나타남)
5. 호흡률과 심호흡의 증가
6. 심장박동의 증가
7. 혈압의 상승
8. 불안의 증가
9. 피로감의 증가

요약하면, 스트레스를 경험하는 동안 시상하부는 부신과 갑상선을 활성화시키고 이것으로 인해 코티솔과 알도스테론, 에피네프린, 노어에피네프린 및 티록신과 같은 호르몬을 분비하게 된다. 이러한 호르몬들은 스트레스를 경험하고 있는 사람들이 신체적으로 반응할 때 신체 과정에 다양한 영향을 미치게 된다.

3) 자율신경계(The Autonomic Nervous System)

인간의 불수의적 기능은 자율신경계에 의해서 이루어진다. 신경계의 자율적 기능(수의적)에 의해 심장박동, 혈압, 호흡수, 체액의 조절과 같은 것이 이루어진다. 이런 통제는 자율신경계를 구성하는 두 가지, 즉 교감신경계와 부교감신경계에 의해서 유지된다. 일반적으로 교감신경계는 에너지를 소비하는 반면에(예: 호흡수의 증가) 부교감신경계는 에너지를 모은다(예: 호흡수의 감소). 우리가 스트레스에 직면하면 교감신경계는 시상하부에 의해 활성화되어 다음과 같은 신체활동을 하게 만든다.

1. 심장박동의 증가
2. 심장 수축압력의 증가
3. 관상동맥의 확장
4. 복부동맥의 수축
5. 동공의 확대
6. 기관지의 확장
7. 골격 근력의 증가
8. 간에서 포도당 방출
9. 정신활동의 증가
10. 골격근의 깊은 곳에 있는 동맥의 확장
11. 기초대사율의 급격한 증가

이러한 생리적 변화 때문에 우리는 위중한 상황에도 놀랄 만큼 잘 대처할 수 있게 된다. 비교적 약한 사람은 투쟁 혹은 도피 반응에서 예상외의 힘든 행동을 하게 된다. 부교감신경계는 스트레스가 사라진 뒤에 이완된 상태로 전환시키기 위한 반응을 주로 한다. 그러나 이 두 신경계가 반대로 작용하게 되는데, 이런 작용이 항상 그런 것은 아니다. 어떤 것은 교감신경계의 영향만 받게 되고(예: 혈당, 땀샘) 또 다른 것은 부교감신경계의 영향만을 받게 된다(예: 눈의 모양체, 근: 毛樣體筋). 그러나 일반적으로 부교감신경은 이완 반응을 하게 된다.

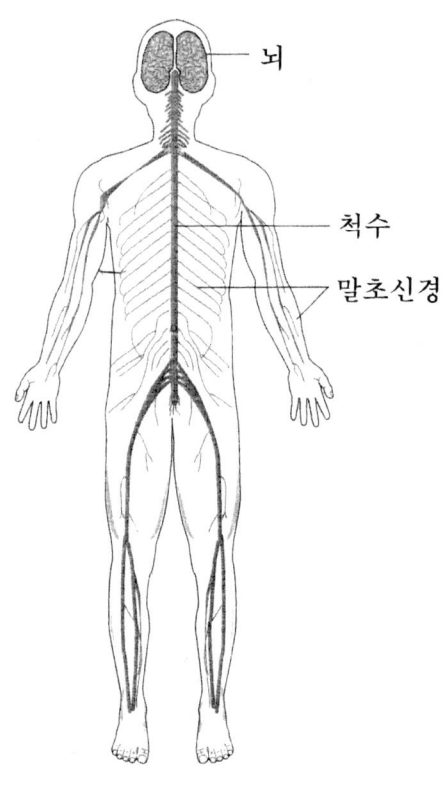

뇌

척수

말초신경

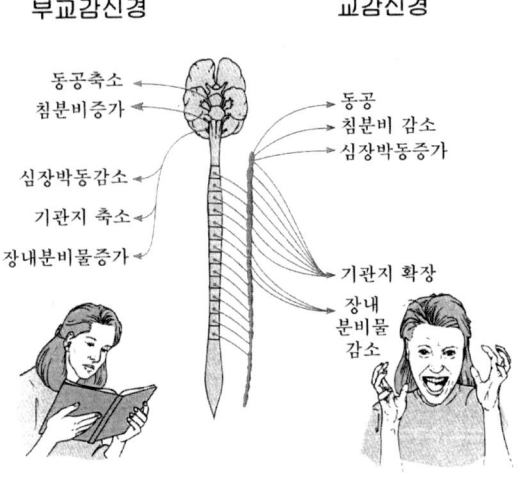

부교감신경   교감신경

동공축소
침분비증가

동공
침분비 감소
심장박동증가

심장박동감소
기관지 축소
장내분비물증가

기관지 확장
장내
분비물
감소

〈그림 3-4〉 자율신경계

4) 심혈관계(The Cardiovascular System)

심혈관계는 심장과 혈액, 그리고 혈관을 통해 온 곳에 양분과 산소를 공급한다. 만약 혈관이 막히게 되면 혈액 속의 양분과 산소를 필요로 하는 신체의 기관들은 죽게 될 것이며, 혈관은 압력으로 인해 터지게 되거나, 양분과 산소를 기다리는 신체기관과 세포를 위해 혈관은 또 다른 통로를 만들 수도 있다. 순환계에 대한 스트레스의 효과는 뚜렷하게 나타난다. 스트레스에 빠지면 시상하부는 뇌하수체에 신호를 보내어 뇌하수체 후엽호르몬의 일종인 옥시토신(Oxytoxin)과 바소프레신(Vasopressin)을 방출하도록 신호를 보낸다. 이 두 호르몬이 부드럽던 근육을 수축시킴으로써 결과적으로 혈관벽이 수축되게 만든다. 바소프레신은 신장혈관의 물에 대한 투과성을 증가시켜 혈액량을 증가시킨다. 알도스테론에 의해 소듐 양이 두 배로 증가되고 혈관수축과 물의 투과성의 증가로 말미암아 스트레스는 혈압을 상승시키게 만든다. 심장 역시 스트레스를 받으면 앞에 설명한 여러 호르몬과 교감신경계의 작용으로 말미암아 심장 수축력이 증가하여 많은 양의 혈액을 분출하게 된다. 또 혈청 콜레스테롤과 지방산 분해가 증가한다. 이런 일들이 심장과 심장 괴사 부분에 연결된 동맥을 막게 하는 가능성을 높여서 결국 이 부분에 혈액 공급을 어렵게 만든다. 심각한 스트레스는 심장에 충격을 줄 수 있고 이것이 커지면 돌연사에 이르기도 한다.

5) 소화계(The Gastrointestinal System)

소화기도 스트레스에 반응한다. 소화기 계통의 목적은 음식물을 받아들이고, 부수어서 양분을 배분하고 이런 과정에서 배출되는 노폐물을 배출하는 것이다. 스트레스는 입 안의 침의 분비량을 줄인다. 우리가 대중 앞에서 이야기할 때, 가끔 입이 말라 말하기 어려울 때가 있다. 스트레스는 식도 근육의 통제를 어렵게 만들어서 삼키는 일을 어렵게 한다. 스트레스는 염산의 양을 증가시켜 소화계통의 혈관벽을 수축시키고 위 내역을 분출하는 소화점액을 감소시켜 궤양을 일으킬 수 있다. 스트레스는 음식물을 운반하는 작은창자와 큰창자의 리듬운동을 변화시켜 설사나 변비를 일으킬 수 있다. 변비는 우울이나 무감각을, 설사는 공황상태에 이르기도 한다. 담즙분비를 막고 췌관을 막으며 췌장염을 일으키는 것은 스트레스와 관련이 있다.

6) 근육(The Muscles)

우리가 어떤 물건을 들 때 시각 또는 운동감각적으로 메시지가 뇌에 전달되면 그 일에 적절한 만큼의 근육의 힘을 발휘해서 이 물건을 들게 된다. 스트레스는 근육의 수축과 긴장을 유발한다. 어떤 사람들은 항상 자신을 방어하거나 남을 공격하기 위한 상태를 갖고 있다. 이런 것은 근육긴장형이라 한다. 이러한 근육긴장은 두통이나 요통과 같은 신체질병을 불러온다. 어깨가 아프거나 뻣뻣한 느낌을 갖는 것도 근육의 긴장에 따른 것이다. 우리는 내부기관을 통해 유연한 근육을 갖고 있는데 스트레스는 이런 근육을 역시 수축시킨다. 예를 들어, 우리가 스트레스를 경험하게 되면 뇌하수체 호르몬인 옥시토신과 바소프레신이 혈관벽에 있는 유연한 근육을 수축시키기 위해 압력을 높이게 된다. 그래서 만성적인 스트레스는 고혈압에 이르게 한다. 위 속의 유연한 근육이 수축되면 복통을 일으키고, 내장의 유연한 근육은 수축시키면 설사를 일으키게 된다.

7) 피부(The Skin)

피부의 전기전도 능력과 피부온도는 모두 스트레스의 영향을 받는다. 스트레스 상태에서는 땀이 많이 난다. 이 땀의 증가가 경미하다 해도 열전도가 일어나고 검류계에 의해 측정이 가능하다. 이 측정치를 피부전기반사계(galvanic skin response: GSR)라 한다. 스트레스를 받는 동안에는 피부온도가 낮아진다. 왜냐하면 노어에프네프린이 팔과 다리의 피부혈관을 수축시키게 되므로 손가락이나 발가락은 다른 때보다 더 차게 느끼게 된다. 피부가 이런 혈관수축 때문에 더 창백하게 보일 수도 있다. 그래서 예민하고 불안하여 스트레스에 빠진 사람은 차고 습하고 창백한 모습을 잘 드러낸다.

2. 스트레스의 반응

스트레스에 따른 반응은 심리·행동적으로나 질병 등으로 다양하게 나타난다. Palmer와 Dryden(1995)은 이러한 반응들을 다음의 7가지 영역으로 구분하여 제시하고 있다.

1) 행동적 반응(Behavior)

- 알코올이나 약물 오남용	- 회피/공포증
- 수면불안이나 수면장애	- 생산성 저하
- 니코틴/카페인 과다섭취	- 대인관계 위축
- 불안정성(restlessness)	- 주먹을 불끈 쥠
- 식욕부진이나 과식	- 이를 가는 행동
- 식욕감퇴, 병적 식욕과다	- A형 행동(예: 말하기, 걷기, 먹기의 서두르기, 경쟁적이고 적대적 행동 등)
- 공격성/과민성	
- 운전부주의	- 장기결근 증가
- 사고발생	- 성생활의 감소와 증가
- 언어결함/목소리 떨림	- 급하게 말하고 걷고 먹는 행동

- 시간관리 결함 - 충동적 행동 - 예배방해(checking rituals) - 틱장애/경련 - 신경성 감기	- 얼굴 찌푸리는 행동 - 우는 행동의 증가 - 단정치 못한 외모 - 눈 마주치기 거북함

2) 정서반응(Affect, Emotion)

- 불안 - 우울 - 분노 - 죄책감	- 정신적 고통 - 병적 질투심 - 수치심/당황스러움 - 자살충동

3) 감각반응(Sensation)

- 긴장 - 두통 - 가슴 두근거림 - 심장박동 증가 - 멀미 - 떨림/내적 전율 - 동통/괴로움 - 현기증/심적 쇠약 - 소화불량 - 조루/발기부전	- 질 경련/심인성 성교동통 - 감각과 성적 감각의 감소 - 속이 메스꺼움 - 위경련 - 마비 - 입 마름 - 식은땀 - 냉하고 습한 손 - 복부경련 - 이전의 부정적인 감각이 지각됨(sensory flashback) - 고통

4) 심상반응(Imagery)

다음과 같은 여러 가지 심상이 나타남.	− 굴복/수치/당황
− 무기력	− 자신 혹은 타인의 죽음이나 자살생각
− 고립/소외	− 신체적 성적 학대
− 통제력 상실	− 악몽이나 고통스런 꿈의 반복
− 사고/부상에 대한 생각	− 시각 번쩍임
− 실패	− 열등한 자아상

5) 인지반응(Cognition)

− '나는 반드시 잘해야 한다.'	− '그건 무시무시한/소름끼치는/끔찍한/참을 수 없는 일이야.'
− '인생은 절대로 불공정해서는 안 된다.'	− '내가 원하는 것을 반드시 가져야 한다.'
− 자신이나 타인에 대한 비난의 말.	− '나는 내가 정한 규칙과 규범을 반드시 지켜야 한다.'
− 좌절스런 말(예: '나는 견딜 수 없어.')	− '남으로부터 반드시 인정받아야 한다.'
− '나는 반드시 자신을 잘 통제해야 한다.'	− 인지적 왜곡(예: 흑백논리)

6) 대인관계반응(Interpersonal)

− 수동적/공격적 인간관계	− 아부하는 행동
− 소심한/빈약한 의사표현	− 대인관계 위축
− 고독한 사람	− 친구를 어렵게/쉽게 사귐
− 친구 없음	− 의심이 많거나 비밀스런
− 경쟁적인	− 속임수를 쓰는 경향성
− 다른 사람의 요구를 먼저 들어줌	− 수다

7) 약물/생물학적 반응(Drugs/Biology)

– 약물사용, 흥분제, 알코올, 진정제, 환각제 사용	– 암
– 설사, 변비, 위장 내 가스가 참	– 당뇨병
– 잦은 소변	– 류마티즘성 관절염
– 알레르기, 피부발진	– 기침(천식)
– 고혈압이나 관상성 심장질환(협심증, 심장마비)의 증가	– 유행성 혹은 일상적인 감기
– 간질	– 면역체계 약화
– 건성피부	– 영양부족, 운동이나 여가활동 부족
– 만성피로/에너지 고갈/소진	– 신체기관들의 여러 문제 발생
	– 신체로 인한 정신질병

3. 스트레스에 따른 질병

스트레스에 따른 생리적 반응의 정도는 다양한 질병을 가져올 수 있다. 스트레스는 면역기능을 약화시키기 때문이다. 면역계는 외부로부터 오는 바이러스, 독소, 기생충, 박테리아 등에 대한 방어 작용을 한다. 즉 면역계가 약해지면 박테리아를 비롯한 독소 등에 대해 방어기능이 약화되어 질병에 이르게 된다. 만성적인 스트레스는 시상하부, 뇌하수체, 부신피질을 지속적으로 흥분시켜 코티솔을 비롯한 여러 호르몬들이 생체에너지로 하여금 혈당을 높이고 신진대사를 증가시키는 동안 면역체계에 필요한 단백질 합성을 방해함으로써 면역기능을 약화시킨다. 또한 스트레스는 질병 유발행동을 일으킨다. 스트레스를 받게 되면 흡연량이 증가하거나 약물 오남용, 수면 방해, 불안이나 우울의 증가 등과 같은 행동이 유발되어 질병 발생률을 높이기도 한다. 스트레스와 관련된 질병으로 많이 알려진 것은 고혈압, 심장병, 암, 후천성 면역결핍증, 뇌경색, 궤양, 알레르기, 천식, 류마티스 관절염 등 다양하다(Rice, 1992; Greenberg, 1996).

참고로 생리적 반응검사 하나를 아래에 제시해 본다.

〈표 3-1〉 생리적 반응검사

다음 각 징후가 자신에게 얼마나 많이 발생하는지 가장 적절하다고 생각되는 빈도에 O표 하시오.
그리고 각 징후의 점수를 합산하시오.

징 후	전혀 일어나지 않음	자주 일어나지 않음(6개월 1번 이상)	가끔 일어남(1개월 1번 이상)	자주 일어남(1주일에 1번 이상)	항상 일어남
1. 긴장성 두통	1	2	3	4	5
2. 편두통	1	2	3	4	5
3. 복통	1	2	3	4	5
4. 혈압상승	1	2	3	4	5
5. 냉한 손	1	2	3	4	5
6. 산성위장	1	2	3	4	5
7. 가늘고 빠른 호흡	1	2	3	4	5
8. 설사	1	2	3	4	5
9. 심계항진(가슴 두근거림)	1	2	3	4	5
10. 불안정한 손	1	2	3	4	5
11. 트림	1	2	3	4	5
12. 방귀	1	2	3	4	5
13. 잦은 소변 욕구	1	2	3	4	5
14. 땀나는 발/손	1	2	3	4	5
15. 지성피부	1	2	3	4	5
16. 피로감/지친 느낌	1	2	3	4	5
17. 숨이 찬	1	2	3	4	5
18. 입 마름	1	2	3	4	5
19. 손 떨림	1	2	3	4	5
20. 요통	1	2	3	4	5
21. 목이 뻣뻣해짐	1	2	3	4	5
22. 껌 씹기	1	2	3	4	5
23. 이 갈기	1	2	3	4	5

다음 각 징후가 자신에게 얼마나 많이 발생하는지 가장 적절하다고 생각되는 빈도에 O표 하시오. 그리고 각 징후의 점수를 합산하시오.

징 후	전혀 일어나지 않음	자주 일어나지 않음(6개월 1번 이상)	가끔 일어남(1개월 1번 이상)	자주 일어남(1주일에 1번 이상)	항상 일어남
24. 변비	1	2	3	4	5
25. 가슴 혹은 심장이 조이는 느낌	1	2	3	4	5
26. 현기증	1	2	3	4	5
27. 메스꺼움/토하기	1	2	3	4	5
28. 월경 스트레스	1	2	3	4	5
29. 피부의 흠	1	2	3	4	5
30. 심장이 마구 뜀	1	2	3	4	5
31. 대장염	1	2	3	4	5
32. 천식	1	2	3	4	5
33. 소화불량	1	2	3	4	5
34. 고혈압	1	2	3	4	5
35. 호흡항진	1	2	3	4	5
36. 관절염	1	2	3	4	5
37. 피부발진	1	2	3	4	5
38. 치통	1	2	3	4	5
39. 알레르기	1	2	3	4	5

출처: H. Ebel, eds.(1983), pp.197 - 198.

이 검사에서 각 징후의 점수를 합계한 점수는 다음의 표와 같이 해석한다.

합계점수	해석
40 - 75	스트레스 징후 정도가 낮음(신체질병 발생률 낮음)
76 - 100	스트레스 징후 정도가 중간(신체질병 발생이 약간 있을 수 있음)
101 - 150	스트레스 징후가 높음(신체질병 발생이 잘 나타남)
150 이상	스트레스 징후가 과도함(이미 질병 발생상태일 수 있음)

〈참고문헌〉

고경봉(2002). 스트레스와 정신신체의학. 서울: 일조각.

김정호, 김선주(2007). 스트레스의 이해와 관리. 서울: (주)시그마프레스.

장현갑, 강성군(1996). 스트레스와 정신건강. 서울: 학지사.

Cassidy, T.(1999). Stress, cognition and health. London: Routledge.

Ebel, H. et al., eds(1983). Presidential Sports Award Fitness Mannual. Haverton, PA: FitCom Coporation.

Greenberg, J. S.(1996). Comprehensive stress managemet(fifth editio). Dupuque. IA: Brown & Benchmark Publisher.

Palmer, S., & Dryden, W.(1995). Counselling for stress problems. London: SAGE Publications Ltd.

Rice, P. L.(1992). Stress & Health(2nd Edition). Belmont, California: Brooks/Cole Publishing company.

IV. 스트레스의 중재 및 조절변인들

　스트레스를 경험하는 모든 학생이 동일한 부정적 결과를 가져오
는 것이 아니며 개인에 따라 스트레스의 결과가 다르게 나타남을
볼 수 있다. 실제로 스트레스 연구에서 스트레스가 신체나 심리적
건강에 미치는 영향에 많은 관심을 가져왔으며 그 결과 스트레스
가 신체적, 심리적 건강과 관련이 있다는 사실을 보고하고 있다.
즉, 심리사회적 스트레스는 아동과 청소년의 심리적 질병에 의미
있고 만연된 위험요인이라는 것이다(Grant, Campus, Thurm, McMahon,
& Ey, 2000). 그런데 스트레스와 신체적, 심리적 부적응 간의 관계
는 통계적으로 유의미한 결과를 보여 주고 있으나 대부분의 연구
에서 그 관계가 .3을 넘지 못하는 상관을 보여 주고 있다. 이에 따
라 연구자들은 연구의 개념 또는 방법적인 면을 재검토하게 만들
었고, 한편으로 스트레스와 적응 간의 관계를 매개하는 여러 변인
에 관심을 갖게 되었다(Rabkin & Struening, 1976, 정동화, 1995).
그 결과 사회적 지지, 대처방식, 강인성 및 성격요인들과 같은 다
양한 변인들이 제시되었다. 스트레스 조절변인들은 스트레스원에
직접 영향을 미치거나, 스트레스 평가, 스트레스와 불안 혹은 우울
과 같은 스트레스 반응 사이의 관계, 스트레스와 질병 사이의 관계,
스트레스 경험이 생활의 다른 여러 가지 측면에 미치는 정도에 영

향을 주게 된다(Taylor & Aspinwall, 1996). 이러한 조절변인의 영향은 부분적으로 잠재적 스트레스 사건과 심리사회적 혹은 건강의 결과 사이의 관계에서 완충역할(buffers)을 하는 것으로 개념화될 수 있다. 여기서는 이러한 중재 및 조절변인들에 대하여 살펴본다.

1. 유전적 · 가정적 요인

스트레스 조절변인의 연구자들은 특정한 스트레스 조절변인이 유전적 혹은 어린 시절의 가정적 배경을 갖고 있는지 살펴보았다. 특히 쌍생아 연구에서 적극적 대처, 낙천성(optimism), 사회적 지지와 같은 요인들이 일란성 쌍생아와 이란성 쌍생아에 있어 함께 나타나는지 혹은 다르게 나타나는지를 비교하는 것이다. Plomin 등 (1992)의 연구에 의하면 기질적 낙천성(dispositional optimism)의 유전적 배경의 가능성을 연구했다. 추정된 유전적 가능성은 .31이었다. 이는 낙천적이거나 비관적 성향에 있어서 기질적 차이는 중요한 유전적 구성요인을 갖고 있음을 시사하는 것이다. 또 Kendler 등(1991)은 3가지 일반적인 대처양식(문제해결, 타인에게 도움 요청하기, 부정)에 대한 유전적인 요인의 영향을 살펴보았다. 그 결과 스트레스 반응에서 타인에게 도움 요청하기와 문제해결과 같은 대처 전략들이 유전적 요인에 의해서 부분적으로 설명될 수 있다는 사실을 발견했다. 다른 사람에게 도움 요청하기 전략의 유전적 추정치는 .30이었고, 문제해결 전략은 .31이었는데 이는 사건에 대처하는 데 유전적 영향이 중요함을 나타낸다고 볼 수 있다. 이와 관련된 연구는 오히려 외적 자원으로 볼 수 있는 사회적 지지가 유전적 구성요소를 갖고 있음을 보여 주고 있다(Kessler et al., 1992). 쌍생아 연구방법을 사용한 결과 사회적 지지가 스트레스 상황에서 유용하다고 개인들이 보고한 수준과는 상당히 유전적 관련성이 있음을 발견하였다. 이 연구자들은 사회적 지지가 유용하다고 파악할 수 있는 능력 혹은 사회적 지지망(networks)을 선택하고 그 결과 자신들이 사용 가능한 사회적 지지들을 갖고 있다고 인식하게 되는 능력에는 유전적 배경이 있다는 결론을 내렸다. 그 효과는 스트레스 상황에서 기질 자체에 의해서 중재되거나 사회적 지지 관계를 유지하는 능력과의 관련성에 의하여 중재되는 것이다. 이러한 유전적 영향들은 스트레스 완충 효과(stress buffering effect)와 어떻게 관련되는지를 설명한다. 즉 대처 전략이나 자원이 스트레스가 높은 수준에서는 유용하나 스트레스가 낮은 수준에서는 유용성이 적다는 경향성을 설명할 수 있게 한다. 즉 스트레스가 높은 기간 동안에는 사회적 지지망을 이끌어 내는 경향성이 활성화되고, 이것으로 인해 사회적 지지가 스트레스를 낮추게 될 것으로 인식된다.

다른 대처 전략들은 초기 아동기 경험에서 유래한다. 아동들은 그들이 개발하는 대처 전략에 영향을 미치는 여러 가지 스트레스 사건에 노출된다. 아동들은 부모들의 역할 모델에 노출되고, 부모들이 스트레스에 대처하는 방식을 보고 대처 전략을 배우게 된다. 결국 아동양육과 가정환경 자체가 특정한 대처 전략을 발달시키는 것이다. Kendler 등(1991)은 부정(denial)을 사용한 대처는 초기 가정환경의 영향을 크게 받았는데, 이에는 부모의 양육방식, 아동기에 스트레스원에 대한 노출, 부정을 사용하는 방식으로 대처한 부모모델의 가용성 등의 영향을 받았음을 발견했다.

대처에 적응할 수 있다고 여겨지는 개인적 통제감(a sense of personal control)은 초기 아동기에서 유래한다. Rogers, Parcel 그리고 Menaghan(1991)은 부모들 중에서 극복할 수 있다는 신념을 가진 부모들은 스트레스 사건에 대한 대처능력이 향상될 뿐만 아니라 스트레스 사건에 맞서 싸움으로써 통제감을 개발할 수 있도록 아이들을 가르치는 데 간접적으로 영향을 주는 것을 발견했다. 고혈압과 심장혈관질환의 전조현상에 대한 연구에서는 초기 가정환경이 대인관계에서 갈등적인 상호작용의 특징을 나타내거나 대인관계에 따른 스트레스 상황에서 분노(anger)수준이 높게 되면 어린이들로 하여금 높은 심장혈관 반응과 정서적 반응을 나타내는 것으로 보고 있다(Taylor & Aspinwall, 1996). 초기 아동기에서 분노와 같은 적대적인 방식은 성인이 똑같은 스트레스 상황에서 같은 경향성을 나타냄으로써 대인관계의 스트레스 상황에 취약하게 만드는 바탕이 되고, 스트레스 상황에서 적대감이나 분노반응을 나타내는 경향성을 갖게 만드는 것으로 볼 수 있다. 이와 같이 유전적 혹은 초기 환경은 스트레스 사건에 대처할 때 특정한 방식으로 대처하게 만드는 경향성이 있으며 이러한 경향성으로 인해 스트레스로 인한 심리적 적응 혹은 신체건강에 긍정적 혹은 부정적 결과를 나타내도록 만든다.

2. 성격요인

성격요인의 개인차는 스트레스 과정에서 잠재적 스트레스가 발생했을 때 이 잠재적 스트레스를 스트레스로 평가(appraisal)하게 만드는 과정이나 대처 전략의 선택과 사용, 그리고 스트레스에 대한 방어 혹은 취약성에 영향을 미치게 된다. 이러한 성격요인은 부정적 정서를 비롯해 몇 가지가 제시되고 있다.

1) 부정적 정서(Negative Affectivity)

스트레스에 취약하게 만드는 요인 중의 하나가 불안, 우울증, 적대감 등의 부정적 정서들이다(Watson & Clark, 1984). 일부 사람들은 생활 속에서 스트레스에 대한 부정적 정서에 쉽게 영향을 받아 자신들의 질병행동이나 형태 및 질병발생률에 영향을 미치게 된다. 부정적 정서와 스트레스 결과 나타나는 적응이나 건강결과와의 관련성에 대한 연구결과들을 보면, 알코올중독(Beck, 1986), 우울증(Francis, Fyer & Clarkin, 1986), 자살행동(Cross & Hieschfeld, 1986) 등이 부정적 정서와 관련되었다. 또 Friedman과 Booth - Kewley(1988)는 5가지 질병(천식, 관절염, 궤양, 두통, 관상성 동맥질환)과 성격과의 관계를 검토한 결과 5가지 질병과 부정적 정서 사이에 약하지만 일관성 있는 관계를 발견했다. 그들은 우울증, 분노, 적대감, 불안과 같은 부정적 정서는 질병을 발생시키는 성격의 기초가 되

고 이런 성격으로 인해 신체적 질병에 이르게 된다고 설명한다. 신
경증적 경향성은 수동적, 소망적 사고(wishful thinking), 자책감, 도
피환상과 같은 바람직하지 못한 대처 방식과 잠재적으로 관련
(Bolger, 1990)될 뿐만 아니라 일상의 스트레스에 과잉반응을 보이
게 만든다(Bolger & Schilling, 1991). 부정적 정서가 심한 사람들은
아무런 병이 없을 때에도 신체적 징후들을 쉽게 보고하며(Watson &
Pennebaker, 1989), 건강 관련 서비스 기관을 자주 이용하는 특징을
나타낸다(Cohen & Williamson, 1991).

2) 비관적 설명형(Pessimistic Explanatory Style)

비관적 설명형은 부정적 생활사건을 내적, 안정적, 전체적인 성
질을 가진 것으로 설명하는 경향성이다. 여러 연구의 결과들을 보
면 일상생활 속에서 부정적 생활사건을 이런 식으로 설명하는 사
람들은 조기사망과 같은 여러 가지 건강상의 질병의 위험에 처해
있음을 제시하고 있다(Burns & Seligman, 1989). Peterson 등(1988)
은 하버드대학원생들과의 면접을 통해서 자신들의 생활에서 부정
적 생활사건을 어떻게 습관적으로 설명하는지 살펴보았다. 이러한
사건들은 내적, 안정적, 전체적으로 부정적 성질을 가진 것으로 설
명한 사람들은 45세에서 60세 사이의 나이에 훨씬 더 나쁜 건강상
태를 보였다. 이 연구는 청장년기의 비관주의는 중·노년기 성인의
건강에 위험 요소가 된다는 점을 나타내고 있다. 노인들을 대상으
로 한 연구에서 비관적 설명형은 면역능력을 약화시키는 것으로

나타난다. 세포중재 면역검사를 두 번 실시한 결과 비관적 설명형의 노인들이 다른 노인에 비해 면역력이 낮게 나타났다(Kamen – Siegel, Rodin, Seligman, & Dwyer, 1991). 이러한 연구 결과들은 두 가지 시사점을 제시한다. 첫째, 비관적 설명형과 스트레스의 건강에 대한 부정적 효과를 설명하는 생물학적 경로 사이의 관계성을 설명하는 직접적 증거가 확립되었다는 점이다. 둘째로 이러한 결과는 노인 전체 집단에 적용되는 것이 아니라 면역중재 질병에 대한 특정적인 위험요소라는 점이다. 또한 대학생을 대상으로 한 연구에서 Lin과 Peterson(1990)은 비관적인 대학생들은 사소한 질병에 직면했을 때 건강을 돌보기 위한 자기보호 행동을 덜 한다는 것을 발견했다. 비관주의는 부정적 정서에 대한 신경 생리적 반응 혹은 좋지 않은 건강행동과 같은 여러 가지 경로를 통해 개인의 건강에 영향을 주는 것을 알 수 있다.

3) 강인성(Hardiness)

스트레스에 방어요인으로 제시된 요인 중의 하나가 Kobasa(1979) 등이 제시한 강인성이다. Kobasa(1982)는 회사의 중간 간부와 상위 간부들, 그리고 바쁜 업무에 시달리는 변호사들을 대상으로 연구한 결과, 많은 업무와 스트레스에도 불구하고 건강한 사람들이 있었는데 이들을 심리적으로 강인성(psychological hardiness)을 가지고 있다고 주장하였다. 강인성은 책임감, 통제 및 도전이라는 몇 가지 성격적 특징으로 구성된다.

책임감(a sense of commitment)은 자신에게 일어나는 일에 자신을 개입시키는 경향성이다. 통제(control)는 자신의 생활사건을 자신이 일으키고 자신의 환경에도 영향을 미칠 수 있다는 신념이다. 도전(challenge)은 성장의 기회를 제공하는 변화를 도모하고 새로운 활동에 직면하고자 하는 의지를 말한다. 이러한 3가지 요소를 배경으로 강인성의 정도를 측정하고 있는바 Kobasa 등(1982)이 사용한 척도를 Barton, Ursano, Wright와 Ingrham(1989)이 수정한 것을 국내의 조현영(1999)이 번안한 45문항 내용들을 제시하면 다음과 같다.

〈표 4-1〉 강인성 척도 문항

1	내 생활의 대부분은 가치 있는 일을 하는 데 쓰인다.
2	미리 계획을 세운다는 것은 앞으로 일어날 여러 문제들을 피할 수 있도록 도움을 준다.
3	어차피 일의 결과가 정당하게 나타나는 것이 아니므로 열심히 노력해 봤자 소용이 없다.
4	내가 아무리 열심히 해도 나의 노력은 대개 아무런 성과를 가져오지 않는다.
5	나는 나의 일상 스케줄이 변하는 것을 좋아하지 않는다.
6	사람들이 경험을 통해서 옳다고 생각하는 방법들이 항상 최선의 방법은 아니다.
7	이익을 보는 것은 어차피 윗사람들이기 때문에 열심히 일해도 별 의미가 없다.
8	열심히 일하면 항상 목표를 달성할 수 있다.
9	대부분 일하는 사람들은 그들의 상사들에 의해 조종될 뿐이다.
10	내 생활에서 일어난 대부분의 일들은 그렇게 되도록 정해져 있다.
11	일을 할 때 내가 뭔가를 변화시키는 것은 대부분 불가능하다.
12	새로운 법은 사람들의 이익에 손해를 끼쳐서는 안 된다.
13	나는 어떤 계획을 세우면, 그것을 반드시 이룰 수 있을 것이라고 확신한다.
14	나는 어떤 일에 있어서 친구의 마음을 돌리는 것이 매우 어렵다.
15	나 자신에 대해 뭔가 알아 가는 것은 흥미로운 일이다.
16	좀처럼 자기 마음을 바꾸지 않는 사람들은 대개 판단력이 좋다.
17	나는 진정으로 나의 길을 찾고 있다.
18	정치가들은 우리의 삶을 지배한다.
19	어려운 일을 수행할 때, 내가 먼저 도움을 청해야 할지를 안다.
20	나는 어떤 문제를 충분히 이해할 때까지는 그 질문에 대답을 하지 않는다.
21	나는 내 일에 변화가 많은 것이 좋다.

22	대개의 경우, 사람들은 내가 하는 말을 귀 기울여 듣는다.
23	나는 현실보다 공상하는 것이 더 흥미진진하다.
24	내 자신을 할 일 없는 사람이라고 생각하면 좌절감을 느끼게 된다.
25	일에 최선을 다하면 결국 보상을 받게 된다.
26	내가 저지른 실수들은 대부분 바로잡기가 매우 어렵다.
27	일상적인 스케줄을 방해받는 것은 귀찮은 일이다.
28	대부분의 문제들을 다루는 가장 좋은 방법은 그 문제에 대해 생각하지 않는 것이다.
29	대부분의 훌륭한 운동선수나 지도자들은 타고나는 것이지 만들어지는 것이 아니다.
30	나는 어떤 일이 막힐 때마다, 내 삶을 다시 시작하고 싶은 열정을 느낄 때가 종종 있다.
31	많은 경우에 나는 내 마음을 잘 알지 못한다.
32	규범들은 내 생활의 지침이 되므로 나는 그 규범들을 존중한다.
33	나는 일이 불확실하거나 예측 불가능한 것이 좋다.
34	누군가 나를 해하려 할 때 나는 그것을 막을 방법이 별로 없다.
35	최선을 다하는 사람들은 사회로부터 전폭적인 지원을 받아야 한다.
36	나는 일상의 변화가 재미있다.
37	개성을 추구하는 사람들은 단지 자신을 속이고 있을 뿐이다.
38	사실과 직접 관련되지 않은 이론들은 나에겐 소용이 없다.
39	대부분 나의 생활은 정말 재미있고 흥미진진하다.
40	노년에 누군가가 나를 보살펴 줄 것이라는 확실한 보장이 있었으면 좋겠다.
41	일이 재미있다고 하는 사람을 상상하기 어렵다.
42	장래에 나에게 어떤 일이 일어날지는 현재 내가 무엇을 하느냐에 달려 있다.
43	누군가가 나에게 화가 났다면, 대개는 내 잘못이 아니다.
44	자신이 하는 일이 사회에 도움을 준다고 말하는 사람들을 믿기 어렵다.
45	평범한 일상적인 일은 너무 지겨워서 할 만한 가치가 없다.

여러 연구에서 강인성의 스트레스 완충 효과가 제시되었다(Kobasa, 1979; Contrada, 1989). 강인성의 이러한 심리적 신체적 효과는 몇 가지 요인으로 나타난다. 강인성을 가진 사람들은 강인성이 낮은 사람에 비해 스트레스 사건을 좀 더 긍정적인 것으로 평가한다 (Allred & Smith, 1989; Wiebe, 1991). 또 강인성을 가진 사람은 효과적인 대처 전략을 사용하는 것으로 나타났는데 문제 중심 대처, 사회적 지지 구하기 전략을 사용하며 회피적 전략을 적게 사용하

는 것이다(William, Wiebe, & Smith, 1992). 그런가 하면 강인성을 가진 사람들은 좀 더 나은 건강습관을 실천한다(Wiebe & McCallum, 1986). 이와 같이 강인성은 스트레스 사건을 좀 더 예방적으로 축소시키거나, 개인으로 하여금 성공적인 대처 전략을 마련하게 하거나 스트레스를 다루는 데 유용한 건강습관을 갖게 함으로써 스트레스가 심리적, 신체적 건강에 미치는 영향을 조절하는 것이다. 즉 강인성은 스트레스 저항적 특성을 갖는 대표적인 심리적 자원이며, 개인의 스트레스 관리능력을 의미 있게 변화시킬 수 있는 긍정적인 성격으로 인식되고 있다(Kobasa, 1979; Ganellen & Blaney, 1984).

한편 강인성의 구성요인이 단일구성 요인이 아니라는 비판이 있어 왔다. 즉 하위 구성요소들은 서로 관련성이 적고, 건강에는 서로 다른 방식으로 영향을 미친다는 것이다(Hull, Van Treuren, & Virnelli, 1987; Funk & Houston, 1987). 특히 개인적 통제는 강인성요인 중 가장 활동적 요소이다(Cohen & Edwards, 1989). 다른 연구자들은 강인성을 단지 부정적 정서와는 반대되는 측면으로 본다(Allred & Smith, 1989; Rhodewalt & Zone, 1989). 그러나 방어요인은 기존의 취약성 요인이라는 말로 설명해 버리면 개념적, 설명적 구박이다. 부정적 정서는 부정적 감정이 스트레스 평가, 대처 및 건강에 어떻게 부정적으로 영향을 미치는가를 분명히 설명하나 부정적 정서가 낮을 때 이것이 어떤 방식으로 적응적인지 설명하지 않는다.

이러한 심리적 강인성에 대한 연구가 지난 20여 년 동안 크게 3가지 방향으로 진행되어 왔다(김후영, 2006). 첫 번째 방향은 심리적 강인성과 스트레스, 신체적 질병, 신체적 건강, 그리고 심리적 안녕에 관한 연구로서 강인성이 높을수록 신체적, 정신적 건강이 좋고 심리적 안녕도 높은 것으로 나타났다. 두 번째는 심리적 강인성과 평가(appraisal) 및 대처(coping)에 대한 연구로서 강인성이 높을수록 잠재적 스트레스 사건을 스트레스로 평가하는 것을 낮추며 그 사건에 대처하는 자신의 능력을 긍정적으로 보고, 위협으로의 평가를 감소시키고, 성공적 대처 기대를 증가시키는 것으로 보고하고 있다(Wiebe, 1991). 세 번째는 강인성 훈련 프로그램과 그 효과에 대한 연구와 적용에 초점을 둔 것(예: Maddi, 1987) 등이 있다. 결과적으로 강인성과 같은 긍정적인 성격적 자원에 집중하여 관심을 갖는 것은 스트레스 과정에 대한 유용하고 보완적인 관점을 제공할 수 있다.

4) 낙관주의(Optimism)

방어요인으로 볼 수 있는 또 다른 성격적 특성은 기질적 낙관주의 혹은 일반화된 긍정적 기대이다(Scheier & Carver, 1985). Scheier와 Carver(1992)는 미래에 대해 일반적으로 긍정적 기대를 하는 것을 성향적 낙관주의(disposional optimism), 부정적 기대를 하는 것을 성향적 비관주의(disposional pessimism)라 하였다. 여러 연구에서 낙관주의를 더 좋은 건강과 관련된다고 보았다. 이런 결과들은 모든 질병에 다 적용되는 것은 아니다(Mroczek et al., 1993). 낙관주의는 시험관 수정과 같은 수술에 실패한 사람들이 적응하는 데 좀 더 좋은 결과를 예측하였다(Litt, Tennen, Affleck, & Klock, 1992). 낙관주의가 신체적 질병과 심리적 안녕에 영향을 미치는 몇 가지 경로가 있다. 첫째, 낙관주의는 잠재적인 건강위협에 대한 정보에 주의를 증가시켜 전적으로 질병을 피하고자 하는 노력을 하게 만든다는 증거가 있다. 예를 들어 Aspinwall과 Brunhart(1995)는 자신의 건강에 낙관적인 사람은 특별히 건강위험 요인에 관련된 정보에 관심이 많다는 것을 발견했다. 둘째로 더 많은 증거는 낙관주의는 스트레스 상황에서 적극적인 대처를 하고, 회피적 대처, 부정, 철회는 낮은 수준을 나타낸다(Aspinwall & Taylor, 1992; Carver et al., 1993). 셋째는 낙관주의자는 AIDS와 같은 생명을 위협하는 질병을 가졌을 때 자신의 병을 더 잘 관리하는 것으로 나타났다(Taylor et al., 1992). Scheier와 Carver(1985)가 낙관주의를 측정하기 위하여 LOT(Life Orientation Test)를 제시하였는데 이것을 Scheier, Carver와 Bridges(1994)가 개정한 LOT – R(Life Orientation Test – Revised)의 문항이 전체 10개 문항으로 되어 있고 채점 방식은 5점 Likert 척도로 되어 있다. 그 구체적인 문항 내용은 다음 표와 같다.

〈표 4-2〉 LOT - R의 문항

1	결과가 불확실한 상황에서, 나는 대개 가장 좋은 결과를 기대한다.
2	나는 쉽게 긴장을 풀 수 있다.
3	내게는 뭔가 일이 잘못될 만한 것이 있으면 꼭 잘못된다.
4	나는 나의 미래에 대하여 언제나 긍정적이다.
5	나는 내 친구들과 재미있게 지낸다.
6	나에게는 바쁘게 지내는 것이 중요하다.
7	나는 내 뜻대로 일이 되리라고는 거의 기대조차 하지 않는다.
8	나는 쉽게 마음이 상하지 않는다.
9	내게 좋은 일이 일어날 것이라고는 거의 생각하지 않는다.
10	나는 보통 내게 나쁜 일보다는 좋은 일들이 더 많이 일어나리라고 기대한다.

5) 심리적 통제(Psychological Control)

스트레스 사건을 통제할 수 있다는 신념이 사람들로 하여금 효과적으로 스트레스에 대처하는 데 도움이 된다는 사실은 오래전부터 알려져 왔다(Bandura, 1977; Taylor, Helgeson, Reed, & Skokan, 1991). 지각된 통제는 개인이 자신의 내적 상태나 행동을 결정할 수 있고, 환경에 영향을 줄 수 있으며, 원하는 결과를 만들 수 있다는 신념으로 정의된다(Wallston, Smith, & Dobbins, 1987). 지각된 통제는 자아효능감(self efficacy)과 밀접하게 관련된다. 자아효능감은 특정상황에서 특정한 결과를 얻는 데 필요한 행동을 실행할 수 있다는 자신의 능력을 지각하는 것이다(Bandura, 1977). 여러 연구에서 자신의 생활에서 스트레스 사건을 통제할 수 있다는 신념은 좋은 건강을 촉진하거나 인지적 수행을 개선시키는 정서적 안녕, 스트레스 사건에 대한 성공적 대처, 좋은 건강 및 행동변화에 관련되는 것으로 나타났다(Thompson & Spacapan, 1991). 심리적 통제는 좋은 건강을 촉진하거나 외과나 유해한 의료시술과 같은 스트레스 사건에 성공적으로 대처하게 만드는 상담개입에서 널리 사용되어 왔다(Taylor, 1995). 자아효능감 향상을 위해 설계된 상담개입은 운동을 하게 만들거나 금연 또는 알코올 섭취 제한과 같은 것을 포함하는 여러 건강행동에 영향을 준다는 것을 발견했다(Schwarzer, 1992). 개인적 통제감은 특히 어린이, 병원환자, 노인과 같은 취약성을 가진 사람들에게 중요한 것으로 볼 수 있다. 왜냐하면 이런 사람들은 스트레스로 인한 부정적인 정신건강과 신체건강의 위험에 직면해 있기 때문이다. 통제감의 부족은 이미 통제 실행 기회가 부족했던 사람들에게 특히 문제가 된다(Thompson & Spacapan, 1991). 이와 같이 통제감 지각을 향상시키는 상담개입은 특히 이런 사람들에게 유익한 것으로 나타났다(Langer & Rodin, 1976).

6) A유형 성격(Type A Behavior)

A유형 성격은 심장병 의사인 Friedman과 Rosenman(1974)에 의하여 제시되었다. 이들은 환자용 의자의 앞 모서리 부분이 많이 닳아 있는 모습을 보고 환자들의 행동을 관찰한 결과, 심장병 환자들이 의자에 앉을 때 편안하게 깊게 앉지 못하고 의자 앞부분에 살짝 걸쳐 앉으며 대화내용도 시간이나 일, 그리고 일의 성취 등에 주로 관련되어 있었다. 그리고 이들의 행동 특징은 시간의 긴박함, 완벽주의, 경쟁적 성취욕, 낮은 자존심, 일에 대한 과도한 개입, 쉽게 분노하고 적대감을 나타냄, 우울 등을 나타낸다. 이런 환자들의 행동을 A형 행동(A Type behavior)이라 하고 이에 비교하여 여유 있고 느긋하고 편안하며 차분하고 이완된 행동 유형을 B유형 성격, 더 나아가 지나치게 화를 참거나 유화적인 태도나 협력, 억압을 통한 극복과 같이 정서를 억압하고 지나치게 참을성을 나타내는 성격유형을 C유형 성격으로 부른다. A유형 성격은 스트레스에 매우 취약성을 나타낸다. Friedman과 Rosenman은 심장질환 병력이 있는 39세에서 50세 사이의 남자 3,500명을 면담한 뒤 그 성격유형을 A, B유형으로 분류하였는데, 관상동맥질환(coronary heart disease)이 있는 70%가 A유형 성격에 속하였다. 이와 같이 A유형 성격은 관

상심장질환의 위험요인으로 알려져 왔다. 다음의 질문들을 체크해 보면 A유형 성격을 확인해 볼 수 있다.

〈표 4-3〉 A유형 성격 검사 문항

당신 자신에게 아래의 질문들을 해 보십시오. 왼쪽과 오른쪽 문항을 잘 읽어 본 후 자신은 어느 쪽에 더 가까운지 자기에게 해당되는 특성의 정도를 1점에서 7점까지의 척도 중에서 고르시오. 그리고 각 문항의 점수를 합하여 총점을 내십시오.

1	일을 끝내지 않은 상태로 남겨 두는 것을 그다지 개의치 않는다.	1	2	3	4	5	6	7	일단 일을 시작하면 반드시 일을 끝낸다.
2	침착하고 서두르지 않는다.	1	2	3	4	5	6	7	약속에 결코 늦지 않는다.
3	경쟁적이지 않다.	1	2	3	4	5	6	7	매우 경쟁적이다.
4	다른 사람의 말을 잘 듣고 끝마칠 때까지 기다린다.	1	2	3	4	5	6	7	대화에서 다른 사람의 말을 앞지른다(부정, 방해, 말꼬리를 채어감).
5	재촉을 받고 있을 때도 서두르지 않는다.	1	2	3	4	5	6	7	항상 서두른다.
6	침착하게 기다릴 줄 안다.	1	2	3	4	5	6	7	기다리고 있을 때는 항상 초조해한다.
7	일을 쉽게 처리한다.	1	2	3	4	5	6	7	언제나 전력을 다해 일에 임한다.
8	한 번에 한 가지씩 처리한다.	1	2	3	4	5	6	7	한 가지 이상의 일을 하고 다음엔 무엇을 할까 항상 생각한다.
9	다른 사람보다는 자신을 만족시키는 일에 집착한다.	1	2	3	4	5	6	7	일이 잘되게 하기 위해서 타인의 인정을 받기 원한다.
10	일을 천천히 한다.	1	2	3	4	5	6	7	일을 빨리한다(식사, 걸음, 기타).
11	쉽고 유유하게 산다.	1	2	3	4	5	6	7	바동거리며 산다.
12	감정을 그대로 표현한다.	1	2	3	4	5	6	7	감정을 표현하지 않는다.
13	여러 가지 다양한 흥미와 관심을 가지고 있다.	1	2	3	4	5	6	7	일 외에는 흥미가 별로 없다.
14	직업에 만족하고 있다.	1	2	3	4	5	6	7	야심이 많고 직장에서 급속도로 승진하기를 바란다.
15	마감시간을 따로 정해 놓지 않는다.	1	2	3	4	5	6	7	스스로 마감시간을 정해 놓는다.
16	한정된 만큼의 책임감만 느낀다.	1	2	3	4	5	6	7	언제나 관여하는 모든 일에 전적으로 책임감을 느낀다.
17	일의 결과를 판단할 때 양적으로만 평가하지 않는다.	1	2	3	4	5	6	7	수행 정도를 판단할 때 항상 양적으로 한다.
18	직무에 대해 그다지 심각하게 생각하여 대하지 않는다.	1	2	3	4	5	6	7	일을 심각하게 받아들이고, 세세한 부분에 대해서도 신경을 쓴다.

출처: 이홍식(2000, pp.34-35).

위의 질문의 합계점수를 다음의 표에 따라 해석해 볼 수 있다.

합계점수	성격유형	심장질환에 걸릴 위험
100 - 140	타임 A1	매우 높다
80 - 99	타입 A2	높다
60 - 79	타입 AB	중간
30 - 59	타입 B2	낮다
0 - 29	타입 B1	매우 낮다

A유형 성격이란 용어는 A형 행동과 같은 의미로 서로 교환적으로 사용되나 A형 행동을 나타내도록 만드는 안정된 성격특성으로 보는 것이 일반적이다. 이러한 A형 행동은 학습을 통해 생긴다고 보고 있다(Price, 1982). 또 어떤 연구들은 A유형 행동과 심혈관계 질환 사이에 충분한 관계가 있다는 사실을 발견하지 못하였다(Cassidy, 1999). 또한 대다수의 연구는 남성들을 대상으로 하였는데 A유형 여성이 A유형 남성보다 더 대처를 잘한다는 증거가 있다(Cassidy & Dhillon, 1997; Cassidy, 1999에서 재인용). 그런데 A유형 행동이 부정적인 측면만 있는 것은 아니다. 직장에서 헌신적이고 수행에 대한 긍정적인 영향도 있다. 한편 A유형 성격에 대한 연구가 주로 남성들을 대상으로 이루어진 반면 여성들은 C유형 성격과 관련되었다. 이것은 우울한 여성들이 유방암에 걸리기 쉽다는 것을 관찰한 것에서 유래한다. C유형 행동 역시 스트레스에 취약성을 나타내어 주로 암과 관련된 것으로 보고되고 있다. 이들은 자기주장에 약하고 자신의 요구보다 타인의 기대를 만족시키기 위해 더 노력하는 경향이 있다. 정서적 충격으로 당황하게 될 때 감정을 드러내기보

다 체념적·절망적 반응을 보이며, 그 결과로 우울, 불안, 무기력에 빠지기 쉽다(김정호, 김선주, 2007). 암에 걸리기 쉬운 사람들은 스스로를 고립시키는 경향이 있고, 낮은 수준의 신경증과 불안을 보고하며, 보다 더 염세적이고, 감정을 더 억제하는 경향성을 나타내며 분노를 공개적으로 표현하지 않는 경향이 있다(Cassidy, 1999). 이러한 만성 스트레스는 이상세포를 흡수, 파괴하는 면역조직을 억제시켜 이상세포를 증식시키고 암세포가 발생하기 쉬운 조건을 형성하게 된다. 흔히 C유형 성격을 발암인자적 성격으로 부르고 있다 (김정호, 김선주, 2007). 이와 같이 A유형 성격을 비롯한 성격 요인은 스트레스의 민감성과 관련되는 요인들이며 스트레스 과정에서 중요한 중재변인으로 나타나고 있음을 볼 수 있다.

7) 기타 성격 요인들(Additional Personality Resources)

강인성, 낙관주의, 심리적 통제 등과 같은 요인 외에도 심리적 스트레스 대처에 유용한 것들이 있다. 자존감이 높으면 일상의 사소한 사건과 부정적 정서 사이의 관계뿐만 아니라 스트레스-질병 관계를 조절하는 것으로 믿어 왔다(Whisman & Kwon, 1993). 높은 자존감과 개념적으로 관련되는 자신감(Holahan & Moos, 1987, 1990, 1991), 자아강도(Worden & Sobel, 1978) 등도 성공적인 대처와 관련이 있는 것으로 알려져 왔다. 성실성(consciousness)이 스트레스-질병 관계를 조절하는지 확인한 Friedman 등(1993)은 종단적 연구에서 얼마나 오래 사는가를 예측하기 위하여 1921~1922년 사이에 개인적 자료를 수집했다. 조사된 여러 성격 특성 중에서 이들은 성실한 사람들이 전형적으로 더 오래 산다는 것을 발견했다. 그것은 성실한 사람들이 스트레스를 일으킬 잠재적 상황을 성공적으로 잘 피하기 때문이거나(사전 대처), 좋은 건강 습관을 잘 실천하기 때문이다. 그 결과로 스트레스가 질병을 일으키는 가능성을 낮추게 된다. 그러나 Friedman과 그의 동료들의 연구와 반대되는 결과도 나타났는데 쾌활한 사람들이 덜 쾌활한 사람보다 더 일찍 사망했다는 점이다. 이런 결과는 쾌활한 사람들이 자신들의 건강에 대하여 큰 관심을 두지 않는다는 것으로 볼 수 있다. 그러나 이런 결과는 그 이유를 밝히기 위해 추가적인 연구가 필요하다(Taylor & Aspinwall, 1996).

8) 개인차와 스트레스에 대한 평가(Individual Difference and Appraisal of Stressor)

일상적 스트레스 과정은 개인이 사건에 직면하게 되면 모든 사건이 스트레스 과정으로 진행되는 것이 아니라, 이러한 사건(잠재적 스트레스 사건)에 대해 일차적으로 개인이 어떻게 평가하느냐에 (appraisal) 따라 다르다. 일차적 평가(primary appraisal)는 잠재적 스트레스 사건에 대한 위협, 위해 혹은 도전의 정도에 대한 판단이다 (Lazarus & Folkman, 1984). 이러한 평가는 잠재적 스트레스원이 중요한 가치에 영향을 미치는 것으로 보일 수 있는 정도를 포함하고 있다(Locke, 1976). 개인적 자원과 일차 평가 사이의 관계에 대한 자연스런 관점은 일반적으로 개인적 자원들은 위협으로의 평가 수준을 낮추게 만든다고 볼 수 있다. 낙관주의, 통제력, 자아효능감 수준이 높거나, 강인성, 자존감 등은 위협 수준 혹은 사건의 부정적인 면을 낮게 평가하는 것으로 나타났다. 예컨대 Vitaliano, Russo와 Maiaro(1983) 등은 내적 통제를 하는 의대생들은 도전적인 것으로 평가하는 반면에 외적 통제를 하는 의대생들은 동일한 의학훈련에 대해서 좀 더 위협적인 것으로 평가한다는 것을 발견했다. Wiebe(1991)는 강인성이 있는 사람들이 강인성이 낮은 사람보다 작업실의 스트레스원을 더 낮게 평가한다는 사실을 발견했다. Davey, Hampton, Farrel과 Davidson(1991)은 친구가 물속에서 손을 흔드는 것과 같은 애매한 상황과 재미있거나 묘한 상황에 노출시켜 위협적인 상황과 좋은 상황을 명확하게 구분되게 만든 상황에서 반응을 살펴보았다. 상황에 관계없이 불안이 높은 피험자들은 불안이 낮은 피험자보다 모든 상황을 더 위협적인 것으로 평가했다. Steptoe와 Vogele(1992)는 스트레스의 실험적 과제에서 심박률과 같은 객관적인 생리적 측정과 달리고 있는 사람의 심장과 같은 신체적 징후의 보고를 비교해 보았다. 불안이 높은 피험자들이 더 높은 각성 상태를 지각하는 것으로 보고했으나 보고와 달리 실제 측정치는 불안이 낮은 피험자보다 높지 않은 것으로 나타났다. 이런 실험 결과는 생활사건에 대한 평가의 연구나 다른 일반적 연구에서도 일관되게 나타났다(Taylor & Aspinwall, 1996). 또 일부 연구는 건강위협에 대한 개인의 취약성에 호의적 평가는 위험을 감소시키는 행동을 하고자 하는 의지를 더 강하게 만드는 행동과 공존하고 있음을 제시하고 있다. 예를 들어 Vander Velde 등(1994)은 후천성 면역결핍증에 감염된 경우에 대한 낙관적인 반응자들은 그렇지 않은 사람에 비해 안전한 성행위를 하려는 의도를 더 많이 나타내었다. 호의적 평가의 효과와 대조적으로 위협과 위해(harm)에 대한 일차 평가는 스트레스 상황에서 심리적 철회를 불러일으킨다. 즉 정서적인 관리에 대한 욕구가 증가되면, 정보처리가 방해되고 수단적 행동(instrumental action)이 어려워진다. 초기 문제 해결 노력이 이런 식으로 잘못되면 문제 자체가 더 악화된다. 대처방식과 평가와 관련된 정서들 사이의 관련성을 실험한 연구에서 Carver와 Scheier(1994)는 다가오는 시험의 위협에 대처하기 위해 심리적 철회 방법을 사용하는 대학생들은 시험 후에 더 많은 걱정, 두려움, 불안을 보고했다. 이와 같이 잠재적 스트레스원에 대한 일차 평가는 이후에 이러한 스트레스원을 다루기 위한 노력에 중요한 영향이 있음을 알 수 있다. 비슷한 결과가 이차 평가(secondary appraisal)에 대해서도 나타났다. 이차 평가는 스트레스원을 다룰 수 있는 자신의 능력을 평가하는 것과 관련된다(Lazarus & Folkman, 1984). 일차 평가에서 잠재적 스트레스원이 위협이나 위해로 평가되어 스트레스로 평가 내려졌을 때 이 스트레스를 다룰 수 있는 능력을 평가하게 되는 것이다. Smith와 Lazarus(1990)에 따르면 사람은 적어도 4가지 이차 평가 유형을 나타낸다고 했다. 이들 4가지는 '신뢰 혹은 비난에 대한 책무성', '문제 중심 대처에 대한 가능성', '정서 중심 대처에 대한 가능성', '미래의 상황변화에 대한 기대' 등이다. 이차 평가를 위한 개인의 자원과 관련된 대부분의 연구는 개인이 그 문제를 성공적으로 다룰 수 있는지를 지각하는 것에 초점을 두어 왔다. 우울증은 문제해결 능력을 부정적으로 평가하는 것과 관련된다(Taylor & Scogin, 1992). 이와 대조적으로 낙관주의는 ABG(동맥혈액 가스)외과 환자, 심장병 환자, 낙태대기 여성들에게서 이차 평가를 호의적으로 하게 되는 것과 관련되었다. 이차 평가의 호의성에 대한 개인차는 잠재적 스트레스원을 초기에 중재하려는 개인의 노력에 중요한 시사점을 갖는다. 예를 들어 상황을 변화시키기 수월한 것으로 보는 경향성은 쉽게 문제해결 평가를 하게 되고 상황을 쉽게 처리하게 만든다. 반대로, 비호의적인 이차 평가는 이어서 나타나는 의사결정과 대처노력을 어렵게 만든다. 예를 들어 Jerusalem (1990)은 시험불안이 높은 피험자들은 시험불안이 낮은 피험자에 비해 시간이 흐를수록 실패하리라는 평가가 증가하고, 새로운 문제가 나올 때 도전의식이 낮아지는 것으로 평가하였다. 이런 결과는 기질적으로 비호의적으로 이차 평가를 하는 사람은 자기조절노력 (self-regulation effort)의 효과를 부정적으로 바라볼 가능성을 높게 만든다. 새로운 정보에 직면했을 때 자신들의 평가를 교정할 의지나 능력이 없게 될 것이다. 그러므로 모호하거나 변화가 많은 스트레스원을 예견하거나 적절히 반응하는 능력이 손상을 받게 된다.

9) 개인차와 스트레스원의 발생(Individual Difference and Occurance of Stressor)

신경증이나 강인성, 통제소재, 우울증 등이 스트레스원의 발생을 증가 혹은 감소시키는 것과 관련이 된다. Headney와 Wearing(1989)은 종단적 연구를 통해 신경증은 경제적 직업적 문제와 같은 부정적 생활사건을 더 많이 보고하는 반면에 외향성은 호의적인 친구관계나 직업상의 일과 같은 긍정적 사건의 수가 더 많았음을 보여 주고 있다. 흥미 있는 것은 경험에 대한 개방성은 긍정과 부정적 사건 양쪽 모두의 수준이 높게 나타났다. 이는 스트레스 사건을 경험하고 있는 사람들이 기존의 스트레스를 관리하여 조절하게 되는 저항요인과 취약성과 같은 요인의 영향을 주로 받는다는 사실을 나타낸다. 비슷한 경향은 일상의 사소한 생활사건에 대한 연구에서도 보고되고 있다. 예를 들어 Bolger와 Schlling(1991)은 사소한 생활사건을 보고하게 했는데 신경증 환자들은 생활사건에서 더 많이 노출되고 또 그 생활사건에 반응하는 정도가 더 크다는 것을 발견했다. 신경증 수준이 높은 사람은 배우자나 다른 사람들과 다투는 빈도가 신경증이 낮은 사람보다 훨씬 더 의미 있게 높게 나타났다. Aldwin 등(1989)은 대단위 남자집단을 표집해서 10년간 살펴본 결과 신경증이 생활사건이나 사소한 생활사건 양쪽 모두에서 높게 나타났다. 생활사건과 사소한 생활사건의 연구를 어렵게 만드는 해석상의 난관은 이런 사건에 대한 보고와 평가가 동시에 일어나는 부정적 스트레스(distress)와의 혼합 정도 혹은 스트레스 사건을 보고하거나 지각하는 데 있어서의 개인차의 정도 때문이다. 예를 들어 Rhodewalt와 Zones(1989)는 강인한 여성들이 강인하지 못한 여성들보다 부정적 생활사건이나 통제 불가능한 사건을 적게 보고한 것은 부정적 사건에 대한 기억 혹은 사건에 대한 평가에 있어 개인차가 있기 때문인 것을 발견했다. 이런 경향에 대해 성격과 스트레스 사건의 발생 빈도 사이의 관계를 살펴본 일부 연구는 객관적이고 망각되지 않는 사건(결혼, 이혼, 사망, 승진 등)에 엄격히 제한하여 측정함으로써 평가, 보고, 기억에 따른 편파성을 낮추고자 하였다. 또 다른 접근은 결혼한 커플들에게 한쪽 배우자가 보고한 내용(예: 다툼)을 상대 배우자가 보고하는지를 분석했다. 이렇게 교정된 방식을 사용한 연구 결과는 성격과 스트레스원의 발생은 서로 상관관계가 있음을 나타내고 있다(Taylor & Aspinwall, 1996). 이런 연구의 대부분이 복잡한 일기 연구에서의 공간적 제한 때문에 혹은 평가과정에서 스트레스의 혼합을 피하기 위해 스트레스의 심각성과 대비되는 스트레스원의 발생 빈도만 연구했다는 점이다. 이러한 접근은 개인적 자원이나 취약성이 심리사회적 스트레스에 미치는 영향을 과소 추정하게 만들 가능성이 있다. 예를 들어 Norris와 Murrell(1984)은 개인의 자원과 스트레스원의 발생비율 사이의 상관성이 스트레스원의 강도나 심각성을 측정하지 못한다는 사실을 발견했다. 만약 상황선택 혹은 타인과의 상호 작용상의 문제 때문에 평가과정에서 부정적 스트레스를 더 크게 평가함으로써 개인차가 병인 또는 스트레스 조건이 유지되는 것과 관련된다면, 그것들이 잠재적 스트레스원의 심각성을 상쇄 혹은 완화시키는 과정에 관여될 것이다.

3. 사회적 지지(Social Support)

사회적 연대나 관계는 스트레스에 대한 대처 자원으로서 광범위하게 연구되어 왔다. 특히 개인의 생물학적 특성이나 심리적 특성과는 달리 환경적인 변인으로서 1970년대 중반에 예방심리학이 대두되면서 많은 관심을 끌게 되었다(정동화, 1995).

여기서는 사회적 지지의 개념, 사회적 지지의 측정, 사회적 지지와 스트레스 사이의 관계를 중심으로 살펴본다.

1) 사회적 지지의 개념

사회적 지지란 크게 볼 때 다른 사람에 의해 제공되는 자원으로 이 개념이 이론적으로 도출된 것이 아니기에 연구자들마다 접근하는 개념적 및 조작적 정의와 평가 방법이 다양하다는 문제가 있다 (Thoits, 1982). Caplan(1974)은 사회적 지지란 할 일을 분담하고, 물질적 혹은 인지적 도움을 제공하거나 정서적 안락감을 제공하여 개인의 지배감(sence of mastery)을 고양시키는 사회적 활동의 결과라고 했다. 이에 비해 개인의 신념을 강조한 Cobb(1976)과 Weiss (1974)는 사회적 지지란 개인이 존경받고 보호받을 수 있다는 신념의 결과라 했다. 그런가 하면 Cassel(1974)은 중요한 사회적 애착이 결여되거나 무너져 버리면 개인의 평형상태가 깨어지거나 질병에 민감해진다고 했다. 이러한 견해들은 일면 공통적인 맥락을 갖고 있지만 이들 개념 사이의 사회적 지지의 의미가 다르기도 하고 아주 구체성을 띤 것도 아니다(Hobfoll & Vaux, 1993). Procidano와 Heller (1983)는 사회적 지지의 개념을 분명히 하기 위해 사회관계망 특성(social network characteristics)과 지각된 사회적 지지(perceived social support)를 구분하였다. 그에 의하면 사회관계망은 환경에 의하여 제공되는 사회적 연결을 의미하는데, Marshella와 Synder(1981)

는 사회관계망의 특징을 4가지 차원에서 설명하였다.

첫째, 구조(structure)차원으로서, 사회관계망의 크기(size), 밀도(density), 상호작용 빈도 및 관계망 내에서의 개인의 위치(position)와 같은 형태적인(morphological) 변인들을 일컫는다.

둘째, 상호작용 차원으로서, 상호의존(reciprocity), 조화(symmetry) 및 감독(directionality)과 같이 관계망 속에 있는 구성원들 간의 사회적 관계의 특징을 나타내는 변인들로 구성되어 있다. 구성원 상호 간의 관계는 단일관계 혹은 복합적인 관계를 나타낼 수 있다.

셋째, 질(quality)의 차원으로서, 우정이나 친밀성 혹은 애정의 정도와 같은 관계상의 정의적 성질을 나타내는 변인들이 포함된다.

넷째, 기능(function)차원으로서 관계망의 구성원들이 제공하는 정보, 피드백, 위안, 격려, 물질제공, 충고 및 건설적인 문제해결을 위한 조력과 같은 구체적 기능들을 포함한다.

이러한 사회적 관계망과는 달리 지각된 사회적 지지는 사회관계망이 개인에게 주는 영향을 의미한다. 즉 사회관계망이 지지, 정보나 피드백 등을 제공한다고 보면, 지각된 사회적 지지는 개인에게 필요한 지지, 정보 및 피드백이 충족될 수 있다고 개인이 믿는 정도로 정의될 수 있다. 사회적 지지는 개인이 스트레스로 평가를 내릴 때와 이 평가에 따라 지각된 스트레스에 대처하는 하나의 중요한 요소가 된다(Lazarus, 1984). 그러므로 개인이 어떤 위험에 반응해야 할 때나 또 그 위험에 적절히 대처하기 위하여 정보나 조력이 필요할 때, 혹은 그러한 정보나 조력이 개인이 속한 사회지지 관계망 내에서 이용 가능하다고 평가될 때 사회적 지지를 구하게 된다. 이와 같이 사회적 지지의 지각은 환경 내의 지지구조를 이용할 수 있는지의 여부에 달려 있으므로 지각된 지지와 관계망에 의해 제공되는 지지는 서로 구별되는 것이다. 이후 Barrera(1986)를 비롯한 일부 연구자들(Vaux et al., 1986; Vaux, 1988)은 사회적 지지의 구성요소를 정교화하여 ① 사회적 유대, ② 관계망의 구성원으로부터 제공되는 지지의 주관적 지각이나 평가, 그리고 ③ 관계망 구성원으로부터 실행된 지지, 즉 구체적이고 실제적인 지지행동의 3가지로 개념화했다.

① 사회적 유대(social embededness): 사회적 유대는 개인이 사회환경 내에 있는 중요한 인물과 갖고 있는 관계를 의미하는 사회적 지지이다(Barrera, 1986). 사회적으로 관계를 맺는다는 것은 공동체라는 심리적 의미(Sarason, 1974)와 사회적인 고립이나 소외와는 반대되는 의미를 갖는다(Gottlieb, 183). 사회적 유대를 측정하는 방법에는 일반적으로 두 가지 방법이 이용된다. 첫째가 사회적 관계의 유무를 측정하는 것으로 결혼상태, 사회조직에의 참여 정도, 손위 형제의 유무, 친구와의 접촉 빈도 등을 조사한다. 또 한 가지 방법은 사회적 관계망을 분석하는 방법이다. 즉, 사회관계망의 밀도(density), 접근가능 정도(reachability), 조직의 구조적 다양성(multiplexity) 등을 조사한다. Bowlby(1969)는 강력한 사회적 연결은 건강이나 안녕에 필요한 요건이라고 했다. 단단한 사회적 관계망에 속한 사람은 일상생활이나 중요사건에서 필요한 요구를 충족시키려 할 때 쉽게 지지에 접근할 수 있다. 그래서 사회적 지지망 자원은 필요할 때 객관적인 도움을 요청할 수 있고, 사회집단에 안정된 애착을 제공할 수 있는 유용한 사회적 관계로 정의할 수 있다(Hobfall & Vaux, 1993).

② 지지행동 자원(support behavior): 지지행동은 실행된 지지(enacted

support)로서 지지행동의 수혜자의 안녕을 제고할 목적으로 제공자나 수혜자에 의하여 지각된 적어도 두 명 사이에 이루어진 자원의 교환으로 볼 수 있다. 즉, 수혜자에게 도움을 줄 때 제공자들이 실행하는 행동들로 개념화할 수 있다(Barrera, 1986). 이것은 지지 제공자가 수혜자에게 지지하기 위한 실제적인 행동을 측정한다. 이러한 상호작용은 개인의 필요를 만족시키려는 의도를 가질 때 지지적인 것으로 볼 수 있으며(Thoits, 1982), 중요한 점은 비록 도우려는 의도를 가져도 항상 도움이 되는 것이 아니라는 점이다. 즉 지지행동의 제공자가 제공한 만큼 지지효과가 나타나지 않을 수도 있다는 점이다(Kleckler, 1993).

③ 지지에 대한 주관적 평가(the subject appraisal of support): 이는 지각된 지지로서 사회적 지지의 주관적 평가는 개인의 지지적인 관계들, 그리고 이런 지지적인 관계 속에서 일어나는 지지행동의 주관적이고 평가적인 사정(查定)이다(Vaux & Hobfall, 1993). 즉 다른 사람과의 관계를 믿을 수 있다는 인지적 평가로서의 사회적 지지이다(Barrera, 1986). 인지적 경향의 연구자들은 사회적 지지의 지각을 중요시하는데, 그 까닭은 사람들이 세상을 있는 그대로 받아들이는 것이 아니라 그들이 세상을 어떻게 해석하느냐에 따라 영향을 받기 때문이다(Heller & Swindle, 1983). 그래서 Sarason, Sarason과 Sherin(1986)은 사회적 지지가 원래 모습의 환경적 구성보다는 상당부분 자아의 측면을 반영하고 있다고 했다. 특히 일부 연구자들(예: Thoits, 1986; Heller & Swindle & Dusenbury, 1986)은 사회적 지지를 스트레스 상황에서 인지적 평가가 이루어질 때 이용할 수 있는 대처자원으로 개념화했다. 사회적 지지의 개념을 명확하게

이해하기 위하여 Tardy(1985, Payne & Jones, 1995, pp.169 – 170에서 재인용)는 아래 그림과 같이 5가지 주요 요소를 기반으로 사회적 지지 측정 설계를 위한 결정도를 제시하여 설명한다.

(1) 지지방향(direction): 사회적 지지를 남에게 제공하는가, 아니면 남으로부터 제공받는가, 혹은 서로 주고받는가?

(2) 경향성(disposition): 사회적 지지의 가용성 즉 개인이 이용할 수 있는 사회적 지지의 양이나 특성인가, 혹은 실행된 사회적 지지 즉 사회적 지지의 양이나 특성의 실제적인 이용인가?

(3) 기술/평가(description/evaluation): 사회적 지지의 양이나 특성인가 혹은 개인의 평가인가?

(4) 내용(content: 지지유형): 사회적 지지의 내용이 무엇인가? 예컨대 정서지지, 도구지지, 정보지지 혹은 평가지지 등의 지지유형.

(5) 지지망(network: 지지원천): 지지원천이 무엇인가? 즉 가족지지, 친구지지, 이웃, 직장동료, 지역사회 혹은 전문가 등 누구로부터 지지가 제공되는가?

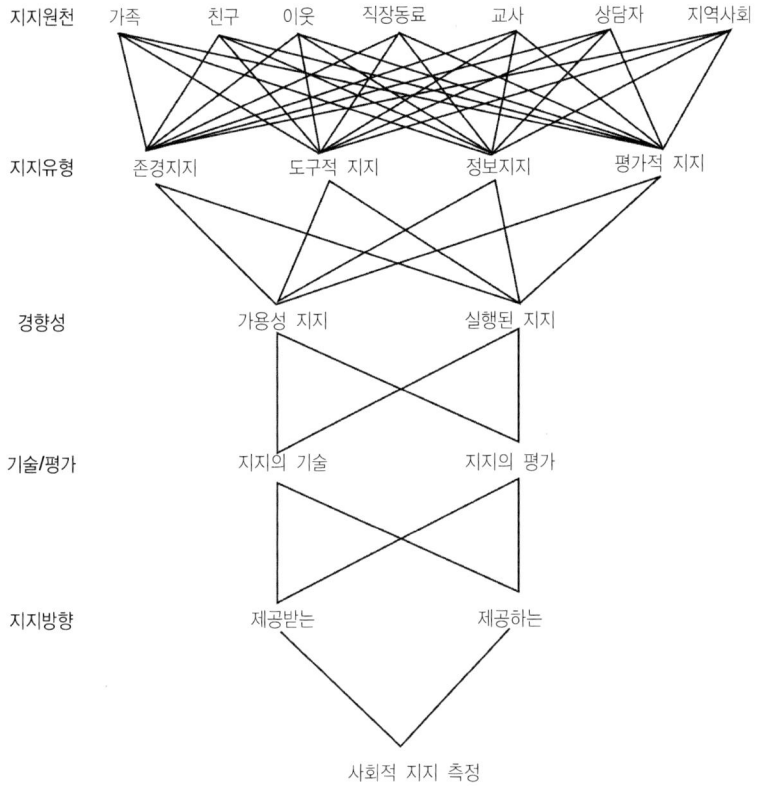

지지원천 가족   친구   이웃   직장동료   교사   상담자   지역사회

지지유형   존경지지   도구적 지지   정보지지   평가적 지지

경향성   가용성 지지   실행된 지지

기술/평가   지지의 기술   지지의 평가

지지방향   제공받는   제공하는

사회적 지지 측정

Tardy(1985, Payne & Jones, 1995, pp.169 - 170에서 재인용)

〈그림 4 - 1〉 사회적 지지 측정 설계를 위한 결정도

　이렇게 보면 사회적 지지의 각 요소가 어떻게 조합 혹은 체계화
되느냐에 따라 사회적 지지의 개념이 다양하게 나타남을 알 수 있
으며, 이로 인하여 사회적 지지의 개념이 다양하고 애매하다는 비
판이 늘 있어 왔다(Barrera, 1986). 사회적 지지를 어떻게 개념화하
든 사회적 지지는 개인의 대인관계(사회관계망)로부터 얻을 수 있
는 긍정적 자원으로서(Cohen & Wills, 1985), 스트레스 상황의 경

우 대인관계로부터 얻게 되는 인지적 정보, 정서적 지지, 물질적 제공, 사회관계망의 소속감, 지지행동 등과 같은 자원이 이용될 때 이것들이 스트레스를 조절하거나 완화시켜 적응을 돕는 개인의 사회적 대처자원으로 볼 수 있다(정동화, 1995). 실제로 사회적 지지와 관련하여 미국의 MOS(medical outcomes study)에서 의료기관 내의 환자의 사회적 지지를 측정하기 위해 Sherbourne와 Stewart (1991)가 개발한 MOS 사회적 지지 척도는 정서/정보지지(emotional/ informational support), 실제적 지지(tangible support), 긍정적 사회 상호작용(positive social interaction), 정서적 지지(affection support) 4가지 요인으로 구성하여 전체 20문항으로 이루어져 있고 5점 Likert 척도(전혀 없다, 없는 편이다, 간혹 있다, 대부분 있다, 항상 있다)로 되어 있다. 실제 그 문항내용들은 다음과 같다.

〈표 4-4〉 MOS 사회적 지지 척도 문항

MOS 사회적 지지 척도 문항
1. 당신이 편하게 느끼며 마음속에 있는 이야기를 할 수 있다고 생각하는 사람이 몇 명 정도 있습니까?
2. 아파서 거동이 불편할 때 도움을 줄 수 있는 사람은?
3. 당신이 이야기하고 싶을 때 당신의 말에 귀 기울여 줄 수 있는 사람은?
4. 어려울 때 당신에게 조언을 해 줄 수 있는 사람은?
5. 필요시에 당신을 의사에게 데려다 줄 수 있는 사람은?
6. 당신에게 사랑과 애정을 보여 줄 수 있는 사람은?
7. 당신과 함께 즐거운 시간을 보내 줄 수 있는 사람은?
8. 당신이 상황을 이해할 수 있도록 정보를 제공해 줄 수 있는 사람은?
9. 당신이 문제에 관해서 마음 터놓고 이야기할 수 있는 사람은?
10. 당신을 감싸 안아 줄 수 있는 사람은?
11. 편안히 쉬기 위해 함께 있을 사람은?
12. 당신이 스스로 못 할 때 대신해서 식사준비를 해 줄 수 있는 사람은?
13. 당신이 정말로 조언을 얻고 싶은 사람은?
14. 마음을 다른 곳으로 돌릴 수 있도록 당신과 함께 일을 해 줄 수 있는 사람은?

MOS 사회적 지지 척도 문항
15. 당신이 아플 때 일상 가사 업무를 도와줄 수 있는 사람은?
16. 당신의 사적인 걱정과 두려움을 함께 나눌 수 있는 사람은?
17. 개인적 문제를 어떻게 다룰지에 관해 조언을 해 줄 수 있는 사람은?
18. 함께 즐거운 일을 할 수 있는 사람은?
19. 당신의 문제를 이해해 주는 사람은?
20. 사랑할 수 있고 당신이 소중히 여겨진다고 느끼게 해 줄 사람은?

한편 아동의 사회적 지지를 측정하기 위하여 Dubow와 Ullman (1989)이 만든 사회적 지지 평가 척도(social support appraisal scale)는 사회적 지지 원천(요인)별로 문항을 구성하였으며, 사랑받고 관심의 대상이며 가치 있는 존재로서 사회적 관계망의 일원으로 받아들여지고 수용되는 정도를 측정한다. 측정은 5점 척도(전혀 그렇지 않음, 조금 그렇다, 보통 정도 그렇다, 많이 그렇다, 아주 많이 그렇다)로 되어 있다. 이를 요약하면 다음 표의 내용과 같다.

〈표 4-5〉 사회적 지지 평가척도의 내용

사회적 지지 평가척도의 내용			
지지원천 (요인)	문항 수	주요내용	실제 문항 보기
가족지지	11	가족의 관심. 애정. 보호. 도움. 소속감. 자존감 고양	"어떤 아이들은 가족과 서로로 많은 일을 도와주지만. 그렇지 않은 경우도 있습니다. 그러면 여러분은 가족들과 서로서로 많은 일을 도와줍니까?"
교사지지	5	교사의 관심. 애정. 도움. 소속감. 자존감 고양	"어떤 아이들은 선생님과 매우 가깝다고 생각하지만, 또 어떤 아이들은 그렇게 생각하지 않습니다. 그러면 여러분은 선생님과 매우 가깝다고 생각합니까?"
친구지지	15	친구의 관심. 애정. 도움. 소속감. 자존감 고양	"어떤 친구들은 남의 생각이나 말을 잘 들어 주지만, 어떤 친구들은 그렇지 않습니다. 그러면 여러분의 친구들은 여러분의 생각이나 말을 잘 들어 줍니까?"

2) 사회적 지지의 스트레스 조절작용

사회적 지지가 스트레스 대처자원으로서 어떻게 스트레스의 영향을 조절하는가에 대해서 연구가 많이 이루어졌다. 그 결과 스트레스와 사회적 지지를 설명하는 두 가지 모델이 제시된바, 주 효과 모델(the main-effects model)과 스트레스 완충모델(the stress-buffering model)이다(Payne & Jones, 1987).

(1) 사회적 지지의 주 효과 모델

사회적 지지의 주 효과 모델에 따르면 사회적 지지가 스트레스 과정과는 관계없이 일반적으로 개인의 심리적, 신체적 안녕에 영향을 미친다(Hobfall & Vaux, 1993). 사회적 지지의 일반적 효과는 사회관계망이 광범위하면 개인에게 일상적으로 긍정적 경험이 많아질 뿐만 아니라, 공동체 내에서 인정되고 사회적으로 대우받는 역할체제를 제공하기 때문에 나타난다. 이러한 종류의 지지가 개인의 안녕에 관련될 수 있는 것은 그것이 긍정적 정서와 개인생활에 있어 예견성 및 안정성을 제공할 뿐만 아니라 자기 가치를 인식하게 만들기 때문이다. 그래서 심리적인 부적응 반응 시에 정서적 편안함이 부적응 반응 수준을 줄이게 만든다(Payne & Jones, 1987). 또 사회관계망에 통합되어 있게 되면 역시 부정적 경험을 피하게 만들어 준다. 즉, 사회적 지지가 주 효과를 갖는 것은 사회관계망이 클수록 긍정적 경험의 기회가 많아지고 부정적 경험을 피하는 데 도움이 되기 때문이다(Dubow & Tisak, 1989). 결국 사회적 지지는 개인의 심리적, 신체적 안녕에 일반적인 긍정적 효과를 가지며, 이는 개인의 스트레스 수준의 영향을 받지 않는다(Thoits, 1982).

Gopelrud(1980)는 대학원 1학년 학생들을 대상으로 연구한 결과 사회적 지지가 학교 적응에 유효한 주 효과를 나타낸 것을 확인했다. 정기적으로 학생이 참여하는 사회적 활동의 수를 계산하여 사회적 지지를 측정하였는데 사회활동에 적게 참여하는 학생들은 정서나 건강 문제가 더 많았다. Reifman과 Dunkel－Schetter(1990)도 대학생의 정서적, 신체적 안녕에 대한 사회적 지지의 주 효과를 발견했다. 이들 역시 대학생의 사회활동 참여 수, 대학생 친구의 수, 낭만적 관계의 존재(existence of romantic relation) 및 대학생 집단에 소속한 수를 총합하여 사회적 지지를 측정했다. 여기서 다른 학생들과 적극적으로 관계를 맺고 있는 학생들은 의미 있는 사회적 관계를 형성했고, 이것이 우울증과는 부적으로, 신체건강과는 정적 관계를 나타내었다. 그러나 중요한 점은 Reifman과 Dunkel－schetter(1990)나 Gopelrud(1980)도 모두 학생들이 지각한 사회적 지지의 질적인 특성이나 지지에 대한 만족을 측정하지 않고 단지 사회적 지지의 존재 여부를 학생의 사회활동의 빈도를 근거로 측정했다는 점이다. 이러한 연구 결과들은 사회적 지지의 주관적 측면과 객관적 측면을 비교해 볼 때 스트레스 사건에 대한 적응을 예언하는 데 있어 제공받은 지지보다 지각된 지지가 더 중요하며, 제공받은 지지는 지각된 지지에 의해서만 중재되어야 스트레스와 부적응에 영향을 줄 수 있다는 제한점이 있다(Wetherington & Kessler, 1986). 주 효과 모델의 이러한 제한점은 사회적 지지의 스트레스 완충 모델이 사회적 지지의 유효한 효과를 설명하는 데 좀 더 포괄적임을 나타낸다(Kleckler, 1993).

(2) 사회적 지지의 스트레스 완충 모델

사회적 지지의 스트레스 완충 모델은 스트레스가 심리적 부적응에 미치는 영향을 완화시키는 작용을 나타낸다. 즉, 사회적 지지가 스트레스를 일으키는 생활사건의 위해한 효과로부터 개인을 보호한다고 본다(Cohen & Wills, 1985). 이 모델에서는 사회적 지지가 스트레스를 완충시키는 작용이 두 군데서 일어난다고 보는데, 사회적 지지는 개인이 스트레스를 겪을 때 생활사건에 대한 평가에 영향을 주고 또 개인의 대처자원을 높임으로써 스트레스 사건에 대하여 완충역할을 한다는 것이다(Cohen & Wills, 1985). 그리하여 완충가설 연구자들은 사회적 지지가 스트레스의 영향을 완화시키는 방법을 다음 그림과 같이 제시하여 설명한다.

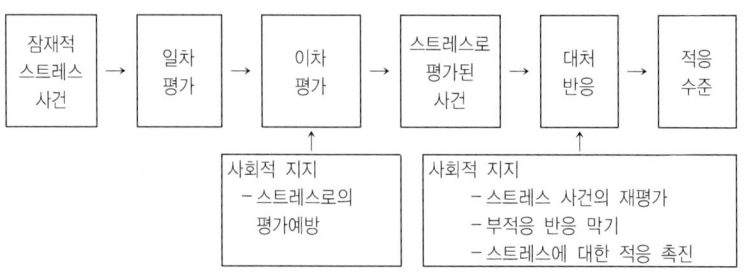

정동화, 1996, p.40

〈그림 4-2〉 사회적 지지의 스트레스 완충 모델

스트레스 사건과 적응 수준 사이의 인과 관계 선에서 사회적 지지가 스트레스의 영향을 조절하는 곳은 두 군데가 있다. 첫 번째로 사회적 지지가 영향을 미치는 곳은 이차 평가 단계이다. 여기서 사회적 지지는 잠재적인 스트레스 사건을 스트레스로 평가하는 것을 막거나 그 정도를 약화시킨다. 이 단계에서 위협이 되는 생활사건에 대처하기 위하여 자원의 가용성을 평가한다. 다른 사람이 잠재적인 스트레스 사건 동안에 도와줄 수 있다는 생각은 개인에게 잠재적으로 위협이 되는 사건에 대한 개인의 평가에서 지각된 위협 수준이 약화되거나 재정의되게 만든다. 즉 사회적 지지의 가용성 때문에 스트레스 사건을 좀 더 낮은 수준의 스트레스로 지각하여 부적응 반응을 막아 준다(Cohen & wills, 1985; Heller, Swindle & Dusenbury, 1986). 사회적 지지의 영향으로 스트레스를 예방하고, 스트레스가 줄어듦으로 인해 부적응에 대한 영향이 감소되어 부적응 수준을 낮출 수 있게 되는 것이다. 실제로 Compas 등(1986)은 사회적 지지를 만족스럽게 지각하지 못한 청소년들은 스트레스 생활사건을 좀 더 부정적으로 지각한다는 증거를 확인했다.

두 번째 사회적 지지가 영향을 미치는 곳은 스트레스로 평가한 지점과 사건에 대한 정서적, 생리적 반응을 나타내는 대처단계에서 일어난다. Thoits(1986)는 사회적 지지의 주요한 기능 중 한 가지를 대처조력(coping assistance)으로 개념화하여 사회적 지지를 스트레스에 대처하는 하나의 자원으로 보았다. Lazarus와 Folkman(1984)은 대처란 인지 – 정서적 및 행동적 두 요소를 갖고 있다고 했다. 개인에게 중요한 인물이 문제 상황과 문제 상황으로 인한 감정을 명확히 할 수 있도록 정보를 제공하거나 새로운 행동 대안을 제시해 주면(정보지지) 문제해결에 도움이 될 수 있다. 뿐만 아니라 직접 행동으로 혹은 물질적 도움을 제공(도구적 지지)해 줄 수도 있다(House, 1981). 또 자존감을 고양시키는 경우 건강 유지에 도움이 될 수 있다(Thoits, 1986). 이 단계에서 사회적 지지는 개인으로 하여금 스트레스 사건을 재평가하고, 부적응 반응을 막아 주며, 스트레스 사건에 대한 문제해결책을 발견하거나 적응하기 위한 대처반응을 개발하는 데 도움을 줄 수 있다. 이는 사회적 지지가 스트레스 반응을 줄이거나 제거하며 생리적 과정에 직접적으로 영향을 미침으로써 이루어진다. 즉 사회적 지지는 문제해결책을 제공하고 지각된 문제의 심각성을 낮추며, 신경내분비 체계를 진정시켜 생리적 반응을 줄이거나 건강에 도움이 되는 행동을 촉진함으로써 지각된 스트레스의 영향을 경감시킨다. 예컨대, 사회적 지지 수준이 높은 사람은 아주 부정적인 스트레스 사건을 만나도 효과적인 대처자원을 생성할 수 있는 유용한 지지자원을 사용하게 되고, 그 결과로 부적응 수준을 최소화할 수 있게 된다. 결국 스트레스 완충 모델에 따르면, 사회적 지지는 이차 평가 단계에서 스트레스로의 평가를 막아 스트레스 수준을 낮추는 효과를 예측할 수 있고, 또 대처단계에서 사회적 지지는 지각된 스트레스와 상호 작용하여 적응수준을 조절하게 되는 것이다. 이때 스트레스가 낮은 상황에서는 사회적 지지수준의 높고 낮음에 관계없이 개인의 적응 수준은 차이가 없지만 스트레스가 높은 상황에서는 사회적 지지가 완충역할을 하므로, 스트레스와 사회적 지지의 상호작용에서 적응을 위한 사회적 지지의 효과는 스트레스가 높은 상태에서 더 크게 나타난다. 이러한 점은 측정결과 분석에서 확인될 수 있다. 사회적 지지의 주 효과 모델과 완충 효과 모델을 확인하기 위한 측정방법을 제시한 일부 연구자들은 스트레스와 사회적 지지의 상호작용 효과를 다음의 <그림 4-3>과 같이 그래프로 나타내어 설명했다. 만약 사회적 지지의 주 효과 모델의 경우 스트레스의 수준에 관계없이 사회적 지지가 부적응 수준을 낮추기 때문에 <그림 4-3>의 A와 유사한 모양을 이룰 것이다. 즉 사회적 지지의 주 효과는 스트레스 수준과는 관계없이 영향을 미치므로 스트레스가 낮은 경우나 높은 경우에도 같은 정도만큼의 영향을 나타낸다. 즉 주 효과의 경우 스트레스와 사회적 지지의 상호작용 효과는 나타나지 않는다. 그러나 사회적 지지의 완충 효과 가설의 경우 사회적 지지가 부적응에 직접 영향을 미치는 것이 아니고 스트레스와 상호 작용하여 부적응 수준을 낮추므로 스트레스가 낮은 조건에서는 부적응 수준에 별 차이가 없으나 스트레스가 높은 수준에서는 완충 효과가 나타나므로 <그림 4-3>의 B와 <그림 4-3>의 C와 같이 나타날 것이다. 그림의 B는 스트레스가 적응수준에 미치는 영향을 사회적 지지가 일부만 완충시킨 경우이고, 그림의 C는 그 영향을 완전히 완충시킨 경우이다.

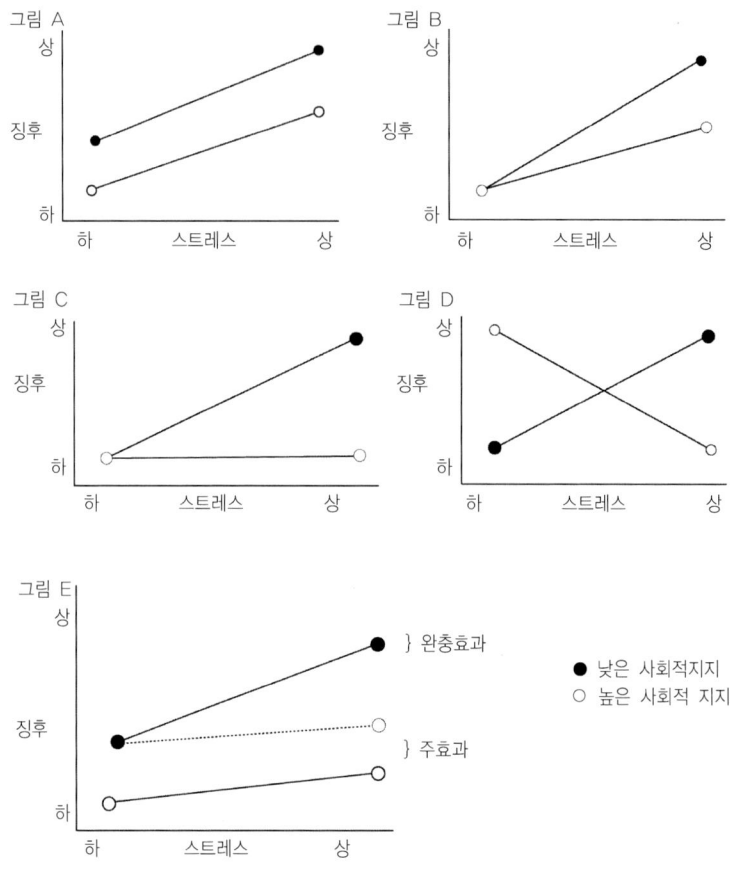

〈그림 4-3〉 사회적 지지의 주 효과 및 스트레스 완충 효과 그래프

그런데 Cohen과 Wills(1985)에 의하면 완충가설이 옳다고 해도 표집 수가 많아서 통계적으로 충분한 힘을 가지면 통계적 주 효과 도 함께 나타날 수 있다고 했다. 이 경우에는 스트레스가 낮은 조건에서도 사회적 지지가 영향을 미치므로 <그림> E와 같이 나타 날 것이다(Payne & Jones, 1987). 또 Aldwin(1994)은 스트레스와 사

회적 지지의 상호작용에서 스트레스가 아주 심각한 경우나 상황에 따라 사회적 지지의 영향이 다를 때, 즉 사회적 지지의 영향이 상황특수적일 때 <그림 4-3>의 D와 같은 그래프가 된다고 했다.

사회적 지지의 주 효과 모델과 완충 효과 모델의 가장 큰 차이점은 주 효과 모델의 경우 사회적 지지효과가 스트레스 수준에 관계없이 부적응에 긍정적 효과를 미치는 반면, 완충 효과의 경우 사회적 지지의 주 효과가 없으므로 스트레스가 낮은 조건에서는 심리적 부적응에 큰 차이가 나지 않고, 스트레스가 높은 상황에서 스트레스와 사회적 지지가 상호 작용하여 완충 효과를 나타낸다는 점이다(Payne & Jones, 1995). 또 하나 주목할 것은 사회적 지지가 상당히 높은 수준으로 지각되어야만 스트레스를 완충시킨다는 사실도 보고되고 있다(Kiecolt-Glaser & Greenberg, 1984).

3) 스트레스와 사회적 지지의 기능

사회적 지지의 효과는 사회적 지지의 개념화나 지지의 유형 및 지지원천에 따라 기능이 다르게 나타날 수 있다.

먼저 사회적 지지의 개념화에 따라 나타나는 효과의 차이를 살펴볼 수 있다. 예를 들어 Cobb(1976)은 사회적 지지의 기능으로 애정과 보호(affection and caring), 자존감(self-esteem) 및 집단결속 (group solidarity)의 3형태를 제시했다. Cobb에 의하면 높은 사회적 지지를 받는 사람은 자신을 보호받고, 가치 있으며, 지지하는 사람들로 이루어진 사회관계망의 한 부분으로 지각한다. 단지 지각하는 사람이나 지지행동의 수를 양적으로 측정하는 즉, 사회관계망 자원을 측정하는 사회적 지지 척도는 Cobb이 말하는 사회적 지지 기능을 제대로 측정하지 못하는 것이다. 또 지지하는 사람의 수나 지지행동의 수를 양적으로 측정하는 실행된 지지는 Cobb이 말하는 사회적 지지 기능과 일치하는 지각된 지지 측정과는 그 구성이 다르다. 그리고 측정에서 개념화된 사회적 지지에 따라 나타나는 효과가 다른 사실을 확인할 수 있다. Cohen과 Wills(1985)도 사회적 지지의 개념화에 따라 사회적 지지 효과가 다른지를 살펴보았다. 구체적으로 사회적 지지와 개인의 안녕 사이에 유익한 관계가 사회적 지지의 전반적인 유익한 효과(주 효과 모델)에 의존하는지 아니면 스트레스의 잠재적인 유해한 영향으로부터 개인을 방어함으로써(완충모델) 생기는지를 조사했다. 이를 확인하기 위해 이들은 여러 연구에서 사회적 지지의 측정이 지지구조를 측정하는지 아니면 사회적 지지 기능을 측정하는지를 살펴보았다. 구조측정은 개인이 사회관계를 얼마나 많이 갖고 있는지 사정한다. 기능측정은 직접적으로 사회적 기능 즉 자존감, 소속감 및 집단결속의 기능이 개인에게 사용 가능한지를 사정한다. 이들의 조사결과 사회적 지지의 구조측정과 기능측정 사이에는 단지 상관이 낮게 나타났다. 이는 구조측정과 기능측정이 서로 독립적임을 나타낸다. 그리고 이들은 사회적 지지를 측정할 때 사회적 관여 같은 좀 더 큰 사회적 관계망에 개인이 통합되어 있는 경우처럼 개인의 사회적 지지 구조를 사정할 때 주 효과를 지지하는 증거가 더 많이 나타났다. 사회적 지지, 스트레스 생활사건 및 정신병적 징후의 종단적 연구를 한 Williams, Ware와 Donald(1981)는 사회적 지지와 생활스트레스의 직접적이고 부가적인 효과를 확인했으나 부정적인 생활사건과 심리적 안녕은 사회적 지지의 많고 적음에 따라 변화가 없음을 확인했다. 그런데 이들이 발견한 결과는 사회적 지지의 구조측정에 의해서 이루어진 것이었다. 이 연구의 피험자들은 알고 지내는 이웃, 전화접촉, 가까운 친구 및 종교 활동에 참여한 수를 양적으로 나타내었다. 즉 Williams 등은 전반적인 심리적 안녕에 중요한 사회관계망의 관여 정도를 측정했고, 스트레스 완충 효과와 관련되는 사회적 지지 기능(예: 정서, 자존감)을 측정하지 않았다. 이와 반대로 사회적 지지를 측정할 때, 스트레스 생활사건에 대처하는 데 도움이 될 수 있는 인간관계 자원의 가용성을 개인이 얼마나 지각하고 있는지를 측정한 경우에는 스트레스 완충 모델을 지지하는 증거가 더 많이 나왔다. 사회적 지지의 완충적인 성질은 인지적으로 매개되므로 사회적 지지의 지각된 가용성이 사회적 지지의 구조를 측정한 것보다 완충 효과를 더 잘 나타낸다고 볼 수 있다. 완충 모델은 사회적 지지가 스트레스의 유해한 영향으로부터 개인을 방어하는 데 유용하게 사용될 수 있는 것은 개인의 신념이라고 가정한다. Roehl과 Okun(1984)은 322명의 여대생을 대상으로 완충가설을 지지하기 위한 연구를 했다. 이들은 우울 척도, 생활사건 척도 및 가족응집성 척도를 이용하였다. 그 결과 가족지지에 대한 만족 수준과 부정적인 생활사건 사이에 상호작용이 나타나 완충가설을 확인했다. 응집성 있는 가족 수준을 보고한 여대생들은 가족과 관련이 약한 여대생보다 우울증상이 더 적게 나타났다. 유의미한 가족의 응집성 수준은 부정적 스트레스를 높게 경험한 여대생과 더 많이 관련되었다. 이는 스트레스 수준이 낮은 경우보다 높은 경우에 사회적 지지의 완충 효과가 더 크게 나타난다는 가정을 확인할 수 있는 결과이다.

 사회적 지지의 유형에 따라서도 그 효과가 다르게 나타난다. 연구자들은 사회적 지지가 스트레스를 완충시키는 데 더욱 효과적이려면 특정 스트레스 사건이 부과하는 적응요구에 부합하는 특정 사회적 지지가 있을 것이라는 스트레스-지지 특정가설(stress-support specific hypothesis)을 제시했는데(Cohen & Syme, 1985; Heller & Swindle, 1983), 이들은 사회적 지지를 중다차원의 구성체로 인식하고 있다. 그들은 사회적 지지 기능을 정서적 공감을 통하여 정서표출을 도와주고 존중과 사랑을 표현해 줌으로써 편안함을 느끼게 하는 정서적 지지, 자신감을 심어 주거나 타인에게 존경받고 수용될 수 있다고 평가하게 만드는 자존감 지지(self-esteem support), 문제해결에 도움이 되는 정보나 충고를 주는 정보지지(information support), 레저나 레크리에이션 활동에서 다른 사람과 함께 지내는 사회적 교제(companionship) 등과 같은 하위차원으로 구분한다(예: Cohen & Hoberman, 1983; Cohen & Wills, 1985). 또 이와 다르게 Thoits(1982)는 사회적 지지란 개인의 기본적인 사회적 요구가 타인과의 상호작용을 통해 만족되는 정도로서 개인의 기본적인 사회적 욕구는 애정, 자존심, 승인, 소속감, 정체감 및 안정감 등을 포함하는데 이들 요구는 사회 정서적 지지(애정, 이해, 수용, 자존감 고양)와 도구적 지지(정보, 조언, 경제적 도움) 등으로 충족된다고 하여 그 유형을 크게 두 가지로 나눈다. 그러나 개념적으로 하위유형으로 구분될 수 있으나 실제 자연 상황에서는 이런 유형들이 항상 독립적인 것은 아니다(Cohen & Wills, 1985). Cohen과 Hoberman(1983)은 자존감, 소속감, 평가 및 유형적 지지 등 4개의 사회적 지지 기능의 지각된 가용성을 측정하는 복합적인 문항으로 이루어진 검사를 사용하여 완충 효과를 확인하였다. 대학생으로부터 얻어진 자료에서 사회적 지지의 지각된 가용성은 질병을 일으키는 높은 수준의 스트레스의 영향으로부터 개인을 방어한다는 결론을 제시했다. 사회적 지지의 어떤 기능이 완충 효과에 영향이 있는지를 알아보기 위한 추가 분석에서 자존감 지지(즉 개인을 지지하는 사람의 이용 가능성)와 평가지지(즉 개인의 문제에 대하여 이야기할 수 있는 사람의 이용 가능성)가 상호작용에서 가장 중요한 기능을 했다. 자존감 지지와 평가지지가 효과적으로 완충 역할을 하게 되는 이유에 대해서 Cohen과 Hoberman(1983)은 대부분의 스트레스는 대처를 요구하게 되는데 이러한 대처에 필요한 것으로 자존감과 평가지지 자원이 가장 부합된다고 설명한다. Cohen과 McKay(1984)도 사회적 지지가 스트레스 요인이 요구하는 대처에 필요한 것들과 잘 부합될 때 스트레스 완충 효과가 잘 일어난다는 설명에 동의한다. 그러므로 스트레스 완충가설 속에 포함된 가정은 사회적 지지를 많이 지각할수록 스트레스 사건을 경험할 때 좀 더 적응적으로 대처할 수 있다는 점이다. Krause(1987)는 경제적으로 압박을 받고 있는 나이 많은 성인들을 대상으로 사회적 지지의 형태와 스트레스 요인의 형태 사이에서 어떻게 관련될 때 완충 효과를 높이는지를 조사했다. 이 연구에서 피험자들은 더 많은 정보제공 지지를 받은 경우에 우울증상이 낮게 보고되었다. 그러나 정서적, 유형적 지지는 장기적인 경제적 스트레스에 대하여 완충역할을 하지 않았다. 그래서 Krause는 결론짓기를 정보제공 지지 기능이 이 연구에 참여한 나이든 성인들의 구체적인 요구에 부합된다고 했다. 한편 Dubow 와

Tisak(1989)은 아동들에게 부합된 지지유형은 존경지지일 것으로 본다. 이들은 일부 연구자들(예: Sandler, 1980; Wertlieb et al., 1987)이 스트레스 완충 효과를 나타낸 것은 사회적 지지를 측정할 때 존경지지를 측정했기 때문일 것으로 보고 있다.

사회적 지지 원천에 따라서도 그 기능이 다를 수 있다. Rosen과 Moghaden(1988)도 947명의 군인 아내들을 대상으로 각종 스트레스와 적절하게 관련되는 사회적 지지 기능이 무엇인지 확인하는 연구를 했다. 여기서 사회적 지지는 문제해결을 위해 다른 군인의 아내를 이용할 수 있는지를 지각한 정도로 정의되었다. 그리고 스트레스는 남편이 가족을 떠나 야전에 나가 있는 시간의 합으로 정의했다. 연구 결과 사회적 지지가 낮게 지각될 때만이 스트레스가 개인의 안녕에 해롭게 작용했다. 그러므로 남편이 가족을 떠나 야전에서 보내는 시간이 많을수록 사회적 지지를 위해 다른 군인의 아내를 이용할 수 있는 가용성이 중요하다. Fischer(1984)는 가족과 친구는 개인이 위기에 처했을 때 다른 종류의 지지를 제공한다고 했다. 가족은 지지와 물질적 원조를 하고 친구는 우정을 제공한다고 했다. 또 La Rocco, House와 French(1980)는 직장 동료의 지지는 직업 관련 스트레스를 완화하는 데 가장 도움이 되는 지지 자원이라고 했다. 이러한 연구결과들을 보면 사회적 지지 기능 연구에서 구체적인 기능에 초점을 두지 않고 일반적이고 단일적인 기능에 중점을 두면 오히려 연구결과를 일반화하기 어렵게 된다는 것을 알 수 있다(Felner, 1984). 예를 들어 Friedrich, Reams와 Jacobs(1982)의 연구에서 사회적 지지는 단일의 통일된 변인으로 측정했을 때 사회적 지지의 조절역할이 나타나지 않았다. 그러나 이들이 사회적 지지의 구체적인 형태로 개념화시킨 가족의 응집성(즉 가족지지)은 8-9학년 학생들에게 우울증상과 유의미한 부적 상관을 나타내었다. 요인분석 절차를 통해 Cause, Felner와 Primavera(1982)는 청소년의 사회적 지지에 있어 3가지 유의미한 차원을 확인했다. 즉 가족지지(예: 부모, 친척), 공식적 지지(예: 교사, 사무원, 상담자), 그리고 비공식 지지(예: 친구)의 3가지 요인이 확인되었다. Cause 등(1982)은 사회적 지지형태, 학업적응, 친구 및 학문적 자아 개념 사이의 관계를 살펴보았다. 이들이 보고한 결과를 보면, 가족지지, 공식지지 및 비공식지지 등 사회적 지지 자원 사이에 뚜렷한 차이가 있었다. 특징적인 것은 비공식적 지지인 친구지지는 친구에 대한 자아 개념이 높은 경우와 낮은 학업 성취와 관련되었다. 그래서 이들은 청소년에 대한 사회적 지지는 분명히 사회적 지지 차원을 구별해서 확인해야 한다고 설명했다. 친구나 가족의 사회적 지지의 역할은 구체적인 스트레스 형태에 따라 완충 효과가 다양함을 알 수 있다. 일반적으로 연구자들은 사회적 지지가 생활스트레스를 조절하는 긍정적인 요소로만 보아 왔다. 그러나 Cause 등(1982)은 사회적 지지의 원천에 따라 구분했을 때 일부형태의 지지가 개인의 부적응 수준에 관련된다고 했다. 즉, 사회적 지지는 긍정적 영향뿐만 아니라 부정적인 영향도 확인되고 있다. 예컨대, 친구지지의 해로움이 McCubbin, Needle과 Wilson(1985)에 의해 보고되었는데 가까운 친구의 지지가 흡연, 음주, 환각제 사용과 같은 건강에 해로운 행동과 정적으로 관련되었다는 것이다. 이와 같이 사회적 지지는 구분이 되어 연구되어야 한다는 연구결과들이 있게 되었는데 Kleckler(1990)는 스트레스에 대한 친구 및 가족 지지의 효과에 대한 또 다른 형태를 발견했다. 청소년이 지각한 가족지지는 우울과 비행에 대한 스트레스의 영향을 조절하는 중요한 변인으로 나타났다. 이 결과는 가족단위가 청소년에게 정서와 보호를 주고받는 지지적인 관계망을 가족구성원에게 제공한다는 Cobb(1976)의 가정과 일치되었다. Peterson(1982)도 가족지지의 중요성을 논의하면서 가족단위는 청소년으로 하여금 감정 표현을 자유롭게 하도록 하며, 대안의 탐색을 위한 장소를 제공함으로써 스트레스 사건과 부정적인 정서에 대처하는 데 도움을 준다고 했다. Klecker(1990)는 친구의 사회적 지지가 비행에 대한 스트레스의 조절변인으로 나타나지는 않았지만 우울에 대한 스트레스의 영향에 중요한 조절변인으로 나타났다. 우정이나 가치 있다는 생각, 그리고 소속감을 제공하는 친구집단은 부정적인 자아평가, 무력감 및 절망감과 같은 여러 가지 우울 증세를 완화시킨다(Beck & Young, 1986). 그러나 친구의 사회적 지지가 비행 행동에 대한 스트레스의 효과에 대한 조절은 비체계적으로 나타났다. 가족지지가 낮고 동시에 친구의 지지가 낮은 경우에 여러 가지 비행의 하위 행동의 대부분과 관련되었다. 높은 가족지지 수준을 가진 동시에 친구의 지지도를 높게 보고한 청소년들은 비행활동과 더 많이 관련되었다. Kleckler(1990)는 이런 결과에 대해 결론짓기를 청소년의 비행에 있어 친구의 지지는 복합적이고, 긍정적, 부정적 조절효과를 다 갖는다고 했다. 또한 아동에게 있어 부모는 가장 중요한 지지원천인바 특히 어머니는 초등학교 아동에서부터 청소년에 이르기까지 양육과 친밀성의 주요 원천이다(Belle, 1989). 어머니와 긍정적 관계를 보고한 아동들은 높은 학업성취와 성격적인 적응을 나타내었고(Woods, 1972), 어머니를 신용하는 아동들은 자존감이 높고, 내적 통제 성향을 나타내었다 (Belle & Longfellow, 1984). 아버지와 긍정적 관계를 갖고 있는 아동들은 자존감이 높고, 내적 통제 성향을 나타내며, 지적인 발달과 만족스런 친구관계를 나타내었다(Biller, 1976; Parke, 1981).

아동이 양친 중 적어도 한쪽 부모와의 좋은 관계를 맺게 되면 이것이 방어요인이 되어 부모 간의 불화, 부모의 정신 질병, 사회적으로 불리한 여건으로부터 오는 부정적인 영향을 완충시키는 역할을 했다(Rutter, 1979). 성인 이외의 또래들도 아동에게 스트레스 완충 지지를 제공할 수 있다(Belle, 1989). Freud와 Dann(1951, Belle, 1989에서 재인용)은 부모의 사망과 같은 극심한 스트레스 상황에 있는 아동에게 친구는 정서적 안전감을 제공할 수 있음을 확인하였다. Sandler(1980)는 손위형제가 아동의 스트레스를 완충시키는 증거를 제시하였으며, Dubow와 Tisak(1989)은 가족지지와 친구지지가 아동의 스트레스를 완충시켜 문제행동에 영향을 준다는 사실을 제시했다. Wener(1989)는 아동이 받게 되는 지지자원이 무엇이든지 간에 아동에게 가장 중요한 방어요인은 아동의 심리적 안녕에 중요한 지원체제를 제공할 수 있는 특정 성인이라는 것이다. 경제적, 사회적으로 불리한 조건을 극복할 수 있는 아동들은 그들의 생활에서 가장 의미 있는 영향을 미친 적어도 한 사람의 성인이 있었는데 여러 아동의 경우 이 의미 있는 성인이 교사였다. Wener와 Smith(1982)에 의하면 아동에게 가장 긍정적인 역할모델과 신용 있는 인물로 확인된 성인이 교사였다. 또 친절한 교사에 의존하거나 학교의 여러 활동에 가입한 아동은 스트레스나 위험 상황 적응에 도움이 되었다(Wener, 1989). 아울러 교사들의 보고에 의하면 취약성을 가지고 있으면서도 적응에 문제가 없는 아동들은 사회성이 높다는 것이다(Wener & Smith, 1982; Anthony & Cohler, 1987).

이와 같은 사회적 지지의 기능들을 살펴보면 스트레스와 적응적 관계를 매개하는 사회적 지지는 개인이 스트레스를 경험할 때 스트레스의 영향을 조절하여 스트레스로 인한 여러 가지 부적응 반응을 줄일 수 있게 만드는 변인임을 알 수 있다.

4. 스트레스 대처

모든 사람이 동일한 스트레스를 경험한다고 해서 같은 영향을 받는 것이 아니다. 이에 대처하는 개인의 대처방식에 따라 스트레스의 영향을 감소 혹은 증가시킬 수 있는 것이다. 스트레스에 대처하고 적응능력이 있다는 것은 개인발달의 중요한 국면이다. 즉 대처는 개인의 정서, 인지, 행동, 생리 및 환경의 조절에 있어 중요하며 스트레스 실제에 있어 더욱 중요성을 갖는다. 그 이유는 스트레스에 대한 대처는 현재나 미래의 적응이나 스트레스로 인한 심리적 질병에 잠재적으로 중요한 중재 또는 조절변인이라는 점이다. 정신적, 신체적 건강은 스트레스에 노출됨으로써 가장 크게 영향을 받는 기능적인 측면들이며 개인이 스트레스에 대처하는 방법에 의해서 가장 크게 영향을 받을 수 있다. 먼저 대처를 설명하는 이론들에 대하여 살펴본 후 대처에 대한 정의를 비롯한 내용들을 살펴볼 것이다.

1) 대처를 설명하는 이론들

사람들은 개인에 따라 스트레스에 반응하는 전략이 다르다. 대처 전략을 연구하는 목적은 왜 개인에 따라 스트레스에 반응하는 것이 다른지, 그리고 이러한 차이는 개인의 안녕과 어떻게 관련되는지를 이해하기 위함이다. 대처를 설명하는 이론은 크게 3가지 범주로 나눌 수 있다(Aldwin, 1994).

(1) 개인에 중점을 둔 정의(Person Based Definition of Coping)

대처 연구에 있어 개인에 중점을 둔 연구가 가정하는 것은 개인의 성격적 특성(personality characteristics)이 스트레스에 어떻게 반응하는지를 주로 결정한다는 입장이다. 이 관점은 정신분석적 전통, 성격특성, 지각양식의 3가지로 나눌 수 있다.

① 정신분석적 전통

대처 전략에 대한 연구는 내적 갈등 해결을 위해 사용되는 방어기제에 대한 정신분석학적 설명에 그 뿌리가 있다. 방어기제는 자아가 불안을 제거하고 충동적인 행동이나 정서 및 본능을 다스리기 위한 방식이다. 기본적으로 무의식에서 발생한 불안은 원초아와 초자아 사이의 갈등이다. 방어기제는 징후로 나타나고 자동적이고 경직된 반응으로 나타나는 것이 특징이다. 정신분석적 전통에서는 개인이 사용하는 대처행동 양식은 실제적인 환경적인 자극이나 개인이 해결해야 하는 문제와는 별 상관이 없다는 점이다. 방어기제는 어떤 수단을 동원하든지 불안 감소를 위해 정서를 조절하는 데 초점을 둔다. 이와 같이 스트레스로 인한 행동, 정서 및 인지는 개인의 성격구조에 의해 결정되고, 이 성격구조는 아동 초기에 발달하며 잘 변하지 않는 특징이 있다. 이 접근의 단점은 신경증으로 간주되는 개인들에게 초점을 둔다는 점이다. 즉, 부적응 현상에 초점을 둔다는 점이다. 방어 전략에 초점을 둔 정신분석적 대처 연구는 몇 가지 가정을 제시한다. 방어기제의 주된 기능은 부정적인 정서불안을 통제하기 위한 것이다. 방어기제들은 성격에서 비롯되며 주로 아동기의 심리적 외상으로부터 기인된 무의식에서 발생한다. 대처양식은 모든 상황에 걸쳐 일관성이 있으며 방어기제의 사용은 일시적이다.

정신분석 이론가들은 방어기제의 위계를 이용한다. 일부 학자들은 이 위계를 병리학적으로 설명한다. Vaillant(1977)의 경우 현실왜곡 정도에 따라 위계화하는데 성숙한 방어기제는 왜곡의 정도가 적은 것이다. Haan(1977)은 의식적인 대처과정은 좀 더 적응적인 반면에 방어기제는 좀 더 병적으로 본다. 이와 다르게 정신역동이론가들은 대처와 방어를 통합한 모델을 통해 방어적 과정은 문제중심적 전략을 사용하기 위해서 정서를 통제하는 시도로 정의한다. 예를 들어 Meninger(1966)는 대처를 긴장해소와 문제해결을 위한 수단으로 본다. 그리고 방어과정은 대처과정이 어려울 때 혹은 생활 속에서 즐거움이 방해받을 때만이 병적인 것이 된다고 본다. 어쨌든 정신분석적 관점에서는 대처행동을 무의식적인 방어기제로 보고 상황에 관계없이 개인의 성격 특성에 따라 나타나는 성향으로 보았다.

② 성격특성으로서의 대처(Coping as Personality Traits)

이 관점에서는 특정한 스트레스에 대한 개인의 반응은 다르다는 점이다. Millon(1982)은 성격양식이 개인의 생활 속에서 일어나는 사건에 접근하는 방식을 결정한다고 보고 있다. 그리하여 이 관점의 연구자들(e. g., Wortman & Silver, 1989; Millon, 1982)은 문제에 대처하는 성격특성을 여러 유형으로 나누기도 하였다. 이 접근에서는 대처양식의 특성을 접근 대 회피의 이분법적으로 단순화하기를 선호한다.

③ 지각 양식으로서의 대처(Coping as Perceptual Style)

정신분석적 개념과 달리 대처에 대한 지각적 양식 접근은 개인의 정서를 다루려는 것보다 어떻게 정보를 다루는지에 초점을 둔다. 초기의 유형은 억압 - 예민성(repression - sensitization)이었다(Byrne, 1964). 억압형의 사람은 정보를 회피 혹은 억압하는 사람이고, 예민성을 지닌 사람은 정보를 찾거나 증대시키는 사람이다. 요즘 이 용어는 접근 - 회피로 사용된다. 대처 전략을 두 개 혹은 세 개의 넓은 범주로 나누는 것은 단순하고 세련되며, 복잡한 대처 전략들을 분류하는 데 유용하다. 그러나 지나친 단순화는 개별적인 대처 전략의 효과를 설명하는 데는 무리가 있다. 또 질적인 면도 살펴볼 필요가 있다. 그러나 접근 대 회피의 이분법이 상호 배타적인 것은 아니다.

(2) 대처의 상황결정론(Situational Determinants of Coping)

개인의 특성이 대처반응을 결정한다는 입장과 달리 상황결정론자들은 개인의 대처 전략 양식들은 환경의 요구에 의해 결정된다는 입장이다. 즉, 스트레스의 특성이 개인의 문제해결방식과 대처과정을 이끌어 낸다는 것이다. 따라서 이들은 특정 스트레스 상황에 따라 개인들의 대처 반응이 어떠한지를 살피고자 한다. 예컨대, Pearlin과 Schooler(1978)는 스트레스 요인을 주요 사회적 역할에 따라 5가지로 분류했다. 그리고 이들 5가지 역할에 따라 스트레스 대처 전략이 다르게 나타남을 확인했다. 일반적으로 질병이나 죽음과 같은 상실상황에서는 좀 더 정서적으로 대처 전략이 나타나는 반면에 위협 또는 도전적인 평가가 내재된 실제적이고 대인관계의 문제 상황에서는 좀 더 문제 지향적 대처 전략을 사용하는 경향성이 있다. 이와 같이 개인은 상황의 요구에 따라 자신들의 대처기술을 바꾸게 된다.

(3) 인지적 접근(Cognitive Approach)

대처의 인지적 접근은 4가지 가정에 기초하고 있다.

첫째, 문제에 대처하는 방법은 자신의 상황에 대한 평가에 의존한다. Lazarus와 Folkman(1984)에 의하면 평가란 호의, 위협(위해, 상실), 도전으로 의식적으로 평가가 된다. 인지적 모델에서 적응은 의식적인 것이다.

둘째, 개인의 대처 전략의 선택에 융통성이 있고, 특정한 문제가 요구하는 바에 따라 개인의 대처 전략을 수정할 수 있다.

셋째, 대처노력은 문제 중심 전략과 정서 중심 전략 양쪽 모두를 포함하고 있다. 인지이론가들은 대처 전략을 위계적으로 나누려고

하지 않는다. 정서를 다루는 것이 문제해결에 편리할 때가 있으나 문제 중심 전략이 정서를 통제하는 데 최선의 방법의 하나가 될 수 있다고 본다.

끝으로 인지이론가들은 적응의 위계를 가정하지 않는다. 차라리 이들은 경험적 접근을 취한다. 어떤 대처 전략이 특정상황에 사용 되어 이 전략이 사용되는 조건에서 해당 전략이 가장 정적인 적응 을 촉진하는지의 여부를 확인하고자 한다. 결론적으로 인지적 모델 에서 대처는 상황에 대한 평가와 개인적 경험에 의해서 발달한다.

대처를 설명하는 이론들의 설명을 요약하면 대처는 실제적이거 나 예견되는 문제와 그에 수반되는 부정적 정서를 다루기 위한 전 략의 사용으로 정의될 수 있다(Aldwin, 1984).

2) 스트레스 대처에 대한 정의와 대처 양식

스트레스 대처의 개념을 정의하는 데 가장 많이 인용된 것이 Lazarus와 Folkman(1984)의 정의이다. 이들에 의하면 대처란 "개인 의 자원을 부담하거나 초과하는 것으로 평가되는 내·외적 요구를 다루기 위하여 늘 변화하는 인지적·행동적 노력"으로 정의하였다. 대처란 스트레스나 스트레스 사건의 변화하는 요구에 대한 반응으 로서 변화하는 지속적인 역동적 과정으로 본다. 더 나아가 대처는 자신과 환경 간의 스트레스 관계를 해결하는 쪽으로 방향성을 가 진 문제 중심적 대처 혹은 스트레스로 인한 부정적 정서를 완화하는 방향인 정서 중심적 대처로 방향성을 가진 유목적적 반응으로 개념화된다. 이 정의는 개인의 스트레스를 결정하는 데 있어 인지적 평가를 강조하는 심리적 스트레스나 정서의 광범위한 동기모델의 일부분이다(Compas et al., 2001). 대처가 목표 지향적 과정이므로 개인의 경향성이 스트레스의 근원을 해결하거나 스트레스에 대한 정서적 반응을 관리하는 방향으로 생각하고 행동하게 된다(Lazarus, 1993). 또 Weisz 등(1998)은 대처는 본질적으로 목표 지향적이고 동기적인 것으로 보지만 환경과 자신에 대한 통제의 유지, 증가 혹은 변경하는 쪽으로 방향 지어진다. 이들은 초기 통제 대처, 2차 통제 대처 및 포기된 통제로 구분하고 초기 통제 대처(primary control coping)는 객관적인 사건이나 조건에 영향을 주기 위하여 의도된 대처로 정의한다. 이차 통제 대처(second control coping)는 현재 조건에 자신의 적합성을 최대화시키기 위한 목적으로 이루어지는 대처를 의미한다. 포기된 통제(relinquish control)는 어떤 대처노력도 없는 것을 말한다. Lazarus와 Folkman(1984)이 제시한 체제로 미루어 보면 Weisz 등은 대처반응과 이런 반응들이 갖고 있는 목표, 그리고 대처결과들을 구분하고 있다(Rudolph et al, 1995). 대처반응은 스트레스 원천에 대한 반응으로서 의도된 신체적·정신적 행동이고 환경 혹은 내적 상태를 지향한다. 대처목표는 객관적이거나 대처반응의 의도 그리고 대처의 동기적 특성을 나타낸다. 대처결과는 의도적인 대처노력의 구체적인 결과이다.

Skinner & Wellorn(1994)은 대처를 "심리적 스트레스 조건하에서 사람들이 자신들의 행동, 정서, 경향성을 조정(regulate)하는 방법"으로 정의했다. 대처는 정보탐색, 문제해결과 같은 행동조정, 낙관적 입장을 견지하는 것과 같은 정서 조정, 회피와 같은 경향성 조정(orientation regulation)으로 나아간다. Skinner 등은 대처를 능력, 자율성, 관계에 대한 인간의 기본적인 동기나 욕구에 초점을 둔 심리적 통제나 대처의 모델 안에 둔다. 대처노력은 이러한 욕구를 성취하는 방향으로, 스트레스 조건하에서 이러한 욕구에 대한 위협이나 도전에 대항하며 방어하는 방향으로, 스트레스의 결과로서 나타나는 손상을 고치기 위한 방향으로 행할 수 있다. Skinner의 모델이 Lazarus와 Folkman(1984)의 모델과 다른 점은 능력, 자율성, 관계에 대한 위협을 다루기 위하여 자발적 반응과 비자발적 반응, 혹은 자동적인 반응의 양면을 포함하고 있다는 점이다.

Eisenberg 등은 대처를 자기조정의 광범위한 범주에 속한 하나의 하부체제로 정의한다(Eisenberg, Fabes, & Guthrie, 1997). 즉 개인은 일상적으로 그들의 행동이나 정서의 조정에 포함되어 있음을 인정하고 대처는 구체적으로 개인이 스트레스에 직면했을 때 자기조정을 의미한다. 그들은 자기조정을 3가지로 구분한다.

첫째, 직접적으로 정서를 조정하려는 시도(정서 중심적 대처, 정서 조정이라 부름), 둘째로 상황조정을 위한 시도(문제 중심적 대처, 어떻게 할 것인가를 생각하는 것 포함), 끝으로 정서에 따른 행동을 조정하기 위한 시도(행동 조정)이다.

Eisenberg, Fabes, & Guthrie(1997)은 비록 대처 혹은 정서 조정이 전형적으로 노력을 포함하고 있는 과정이지만 대처는 항상 의식적이고 의도적인 것은 아니라고 주장한다. 그러므로 Skinner 등의 관점과 비슷하게 이러한 틀 안에서 대처를 스트레스에 대하여 의도적 그리고 자동적인 반응의 양쪽을 모두 포함하고 있는 것이라고 한다.

Compas(1998)는 대처를 스트레스에 대한 반응에서 이루어지는 광범위한 과정체계의 한 측면으로 본다. 그는 대처란 스트레스 사건이나 환경에 대한 반응으로 정서, 인지, 행동, 생리, 환경을 조정하는 노력으로 정의한다. 이러한 조정적인 과정은 인간의 생물학적, 인지적, 사회 정서적 발달에 의해 도출되거나 강제된다. 개인의 발달 수준은 개인의 대처에 유용한 자원에 도움이 되거나 혹은 개인이 실행할 수 있는 대처반응의 형태를 제한하는 두 가지 방향으로 작용할 수 있다. 대처를 좀 더 광범위한 자기조정 과정의 하나의 하부체제로서 구체적으로 스트레스에 대한 반응으로서 자발적, 의도적으로 실행하는 조정적 노력을 의미한다(Compass et al., 1999). 조정은 시작, 끝, 연기, 형태나 내용의 수정이나 변화, 생각, 정서, 행동 혹은 생리적 반응의 양이나 강도의 조절, 생각이나 행동을 새로운 표적(목표)으로 향하게 만드는 것과 같은 노력들과 같이 광범위하게 나열해 볼 수 있다. 대처는 자기조정 과정의 하나의 하부체제이므로, 자기조정은 대처로 볼 수 없는 스트레스가 아닌 상황에 대한 반응도 포함된다는 것을 인식하는 것이 중요하다(Eisenberg, Fabes, & Guthrie, 1997).

Compas 등(2001)은 스트레스 반응을 두 개의 광범위한 차원으로 구분될 수 있다고 본다. 즉 자발적(voluntary) 대 비자발적(involuntary), 그리고 관여(engagement) 대 비관여(disengagement)이다. 자발적 대 비자발적 반응으로 구분하는 것은 인지적, 사회적, 발달적, 임상적 심리학의 여러 연구에 기초하고 있다. 이들은 제안하기를 자발적 그리고 비자발적 스트레스 반응은 스트레스 원천 혹은 스트레스 원천에 대한 개인의 반응에 관여하는 것 혹은 스트레스 원천 혹은 그 반응에 비관여하는 것으로 더 구분할 수 있다고 한다. 관여 – 비관여의 근원은 투쟁(fight: 관여)반응 혹은 도피(flight: 비관여)반응 (Cannon, 1933, 1934), 그리고 접근반응과 회피반응의 대비(Krohne, 1996)의 개념에서 찾을 수 있다. 이들은 가정하기를 관여가 포함된 자발적 반응(대처)은 그들의 목표를 초기 통제 혹은 이차 통제의 성취를 이루려는 것에 의해 더 나누어질 수 있다고 한다. 초기 통제와 이차 통제의 성취목표는 대처나 자기조정의 동기모델의 기초다(Weisz, 1990). 그러나 이러한 목표는 스트레스 원천 혹은 스트레스 원천에 대한 개인의 생각, 정서, 생리학적 반응에 관여하기 위한 통제된 노력(의 부분)에 의해서만 추구될 수 있다(Rudolph et al., 1995). 이 모델에 대한 경험적 지지는 3가지 서로 다른 영역의 스트레스(인간관계 스트레스, 경제적 어려움, 가족갈등)에 대한 청소년들의 반응 보고를 요인 분석한 것에 의해서였다(Compas et al., 2001).

이와 같이 스트레스 대처의 정의에서 몇 가지 대처 범주(양식)가 확인되고 있다.

가장 일반적으로 사용되는 대처차원은 문제 대 정서 중심 대처, 초기 대 2차 통제 대처, 접근(참여) 대 회피(비참여) 대처이다. 상대적으로 적게 사용되는 대처 차원은 자기 중심적 대처 대 외적 중심적 대처, 인지적 대처와 행동적 대처, 적극적 대처와 소극적 대처 등으로 대처에 대해 다소 다른 이론적 관점에서 제시된 것들이다 (Compas et al., 1999). 문제 중심적 대처와 정서 중심적 대처 차원은 대처반응의 기능이 환경 내에 있는 스트레스 원천에 작용하는 것을 나타내는가 아니면 스트레스에 직면 혹은 스트레스 사건 때문에 발생하는 부정적 정서를 완화시키는 데 작용하느냐를 나타낸다(Lazarus & Folkman, 1984). Lazarus와 Folkman(1984)은 문제 중심적 대처는 정보탐색, 가능성 있는 문제해결책의 생성, 스트레스를 발생시키는 환경을 변화시키기 위한 행동들로 정의했다. 그들은 정서 중심적 대처를 개인의 정서표현, 타인의 위로나 지지 구하기, 스트레스 원천 피하기와 같은 반응으로 정의했다. 관여와 비관여 대처도 아동, 청소년, 성인의 연구에서 많은 주목을 받았다(Ebata & Moos, 1991; Tobin, Holroyd, Reynolds, & Wigal, 1989 등). 관여적 대처는 스트레스 원천에 대한 반응 혹은 개인의 정서 혹은 생각(예: 문제해결 혹은 사회적 지지 구하기)에 대한 반응을 포함한다. 비관여적 대처는 스트레스 원천 혹은 개인의 정서나 생각으로부터 피하는 것을 의미한다(위축 또는 부정). Ayers, Sandler, West와 Roosa(1996)는 10개의 대처 척도를 요인 분석하고 4개의 가정적 요인을 발견했다. 적극적 대처(인지적 의사결정, 직접적인 문제해결, 이해하기 위한 노력, 적극적인 인지 재구조화), 사회적 지지(정서 중심 지지, 문제 중심 지지), 전환(행동의 전환, 에너지의 신체적 방출), 회피(인지적 회피, 회피행동) 등이다. 또 Walker, Smith, Garber와 Van Slyke(1977)은 소아 통증에 대한 대처 측정의 개발에서 3개 요인을 확인했다. 적극적 대처(예: 문제해결, 사회적 지지 구하기, 자기 격리), 소극적 대처(예: 자기격리, 행동적 비관여, 수용), 조절적 대처(예: 수용, 전환 - 무시, 자기 격려) 등이다. Conor - Smith 등 (Compas et al., 2001에서 재인용)은 의도적 대처 반응을 3가지 요인으로 분류했다. 초기 통제 관여 대처(문제해결, 정서표현, 정서조절), 2차 통제 관여 대처(인지적 재구성, 적극적 사고, 수용, 전환),

비관여 대처(소망적 사고, 부정) 등이 그것이다. 신혜진은 Amirkhan(1990) 의 스트레스 대처 평가지(Coping Strategy Indicator: CSI)를 한국 대학생에게 적용하여 타당화시킨 척도를 제시한바, 사회적 지지 추구 대처, 문제해결 중심 대처 및 회피 중심 대처의 3가지 요인을 제시하고 있다. 실제 이들 문항내용들은 다음 표와 같다.

〈표 4-6〉 스트레스 대처 평가지 문항: CSI

번호	문항	전혀 하지 않았음	조금 했음	많이 했음
1	가까운 사람들에게 감정을 털어놓았습니까?	1	2	3
2	문제를 최대한 해결하기 위해 주변 상황을 다시 정리하였습니까?	1	2	3
3	무엇을 할지 결정하기 전에 가능한 해결책을 모두 생각해 보았습니까?	1	2	3
4	문제를 외면하려고 관심을 다른 곳으로 돌렸습니까?	1	2	3
5	다른 사람들이 하는 위로나 이해의 말들을 받아들였습니까?	1	2	3
6	문제가 실제로 얼마나 안 좋은지 보지 않으려고 애썼습니까?	1	2	3
7	문제에 대해 말하는 것이 기분이 나아지는 데 도움이 되기 때문에 다른 사람들에게 내가 겪은 문제 상황을 이야기했습니까?	1	2	3
8	문제를 다루기 위해 어떤 목표를 세웠습니까?	1	2	3
9	선택한 방안들을 신중하게 검토해 보았습니까?	1	2	3
10	더 좋은 때를 그리며 몽상만 하고 있었습니까?	1	2	3
11	효과적인 문제 해결방법이 발견될 때까지 다양한 시도를 해 보았습니까?	1	2	3
12	친구나 친지들에게 문제에 대한 걱정이나 두려움에 대해 상의하였습니까?	1	2	3
13	평상시보다 혼자 보내는 시간이 더 많았습니까?	1	2	3
14	이야기하는 것만으로도 해결책을 떠올리는 데 도움이 될 것이라는 생각으로 다른 사람들에게 당신의 문제 상황에 대해 이야기했습니까?	1	2	3
15	문제 상황을 바로잡기 위해 필요한 것들을 생각해 보았습니까?	1	2	3
16	문제를 해결하는 데 모든 관심을 집중하였습니까?	1	2	3
17	어떤 조치를 취할 것인지 마음속에 계획을 세웠습니까?	1	2	3
18	평상시보다 텔레비전을 더 많이 보았습니까?	1	2	3
19	기분이 나아지도록 하기 위해 다른 사람(가까운 사람이나 전문가)을 찾아갔습니까?	1	2	3

번호	문항	전혀 하지 않았음	조금했음	많이 했음
20	그 상황에서 원하는 것을 얻기 위해 문제를 피하지 않고 적극적으로 부딪쳐 보았습니까?	1	2	3
21	대체로 사람들을 피했습니까?	1	2	3
22	문제를 잊기 위해 취미나 스포츠 활동에 몰두했습니까?	1	2	3
23	문제에 대한 당신의 기분이 나아지도록 주위 사람들에게 도움을 구했습니까?	1	2	3
24	주위 사람들에게 상황을 변화시킬 수 있는 방법에 대해 조언을 구하였습니까?	1	2	3
25	비슷한 문제를 경험한 주위 사람들이 당신을 이해해 주거나 위로해 주었을 때, 그것을 받아들였습니까?	1	2	3
26	평상시보다 수면시간이 더 늘어났습니까?	1	2	3
27	"상황이 달라질 수도 있었을 텐데" 하는 공상에 빠졌습니까?	1	2	3
28	소설이나 영화의 등장인물과 당신 자신을 동일시하였습니까?	1	2	3
29	문제를 해결하려고 노력하였습니까?	1	2	3
30	사람들이 당신을 그냥 혼자 내버려 두기를 바랐습니까?	1	2	3
31	친구나 가족들의 도움을 받아들였습니까?	1	2	3
32	당신을 가장 잘 아는 사람들이 문제 상황에 대해 당신을 안심시켜 주기를 바랐습니까?	1	2	3
33	충동적으로 행동하기보다는 문제해결을 위해 신중하게 행동계획을 세우려고 노력하였습니까?	1	2	3

이와 같이 대처의 범주는 다양하게 제시되고 있으며 이러한 대처과정에서 사회적 지지를 추구하거나 문제 중심적(적극적) 혹은 회피적(소극적)으로 대처하게 된다.

3) 스트레스 대처의 중재효과

스트레스는 개인에게 다양한 신체적, 정서적 반응을 일으킨다. 이 과정에서 스트레스에 어떻게 대처하느냐에 따라 스트레스의 영향을 감소 혹은 증가시키게 된다. 인지적 스트레스 이론가들은 아래 그림과 같이 스트레스 사건과 심리적 부적응 사이의 과정을 일차 평가와 이차 평가가 인과관계로 연결된 스트레스 모델을 제시한다(Kleckler, 1993).

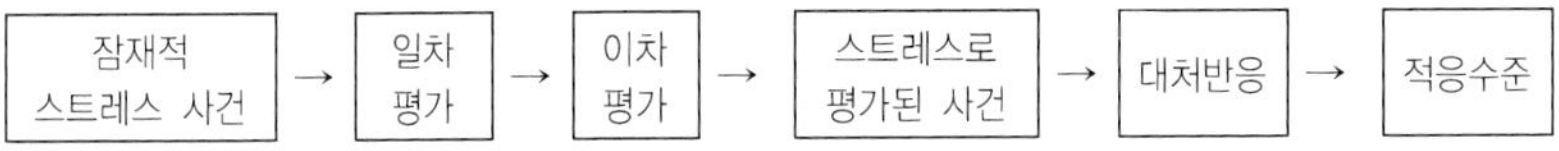

Kleckler, 1993.

〈그림 4-4〉 인지적 스트레스 과정

개인이 자신의 생활에서 큰 변화나 사건이 발생하면(잠재적 스트레스 사건), 일차 평가를 통해 자신의 신체적, 심리적 건강에 해로운 위협이 될 때 스트레스로 평가를 내린다. 다음에 이 스트레스에 대처하기 위해 사용 가능한 자원을 찾으며(이차 평가), 그 결과 완전한 스트레스로 평가를 내린다(스트레스로 평가된 사건). 이 단계에서 직접 개인의 스트레스에 대한 정서적, 행동적, 생리적 대처반응과 연결되고(대처반응), 적응과 부적응의 결과를 나타낸다(적응수준). 결국 인지적 관점에서는 심리적 스트레스란 개인이 가진 자원에 부담이 되거나 초과하며, 개인의 안녕을 위협한다고 평가되는 환경과 개인 사이의 특정한 관계이다(Lazarus & Folkman, 1984). 즉 개인이 내적, 외적 요구에 대하여 자신이 가진 자원으로 대처하기가 부담스럽거나 불가능할 때 스트레스를 경험하게 되는 것이다. 이 과정에서 우리는 대처와 관련하여 두 지점을 주목할 수 있다. 즉 이차 평가와 대처반응 단계이다. 이차 평가 단계에서 잠재적 스트레스 사건에 대처할 수 있는 적절한 자원이 있으면 잠재적 스트레스 사건을 스트레스로 평가하는 경우나 정도가 줄어들 것이다. 즉 개인의 대처 자원이 스트레스 지각 수준을 결정할 수 있는 것이다. 이는 통계적으로 대처의 스트레스 수준에 미치는 주 효과를 검증함으로써 확인할 수 있다. 또 이미 스트레스로 평가되어 대처하는 대처반응 단계에서 적절한 대처가 이루어지면 스트레스의 영향을 조절하여 적응수준에 영향을 주게 될 것이다. 이는 스트레스와 대처의 상호작용 효과를 검증함으로써 확인할 수 있다. 근본적으로 스트레스 대처는 목표 지향적 과정이므로 스트레스의 원천을 해결하거나 스트레스가 정서나 신체에 미치는 영향을 조절하여 관리하는 방향으로 행동하고 생각하게 한다. 실제로 스트레스 대처연구에서 이를 확인하기 위한 연구가 이어져 왔다. Aldwin(1994)에 의하면 스트레스와 대처방식이 우울이나 심리적 증상들의 50%를 설명하며, 스트레스뿐만 아니라 대처방식이 심리적 적응과 직접적으로 관련되어 있는 중요한 변인으로 설명하고 있다. Pearlin 등(1981)은 종단적 연구에서 문제 중심적 대처가 스트레스로 인한 심리적 징후와는 관련이 없지만 두 가지 기능을 나타내었다고 보고하였다. 즉 문제 중심적 대처가 극복감(feelings of mastery)과 관련되며 이로 인해 장래에 스트레스의 재발생을 낮춘다는 것을 확인했다. Stallard 등(2001)은 교통사고를 당해 외상 후 스트레스로 고통받고 있는 아동들이 우울 또는 불안 집단에 비해서 더 많은 대처 전략을 사용하였으며 그 대처 방식은 주로 회피－정서 중심 대처와 관련이 있었다. 국내의 경우 최미경과 조용래(2005)는 대처양식이 스트레스와 불안 수준의 관계에서 중재역할을 하는 것으로 밝히고 있다. 공수자와 이은희(2006)는 여자대학생들을 대상으로 한 연구에서 문제 중심적 대처방식과 정서 중심적 대처방식이 생활스트레스가 우울에 미치는 영향을 매개하는 효과가 있음을 확인하였다. 그 외에도 김윤배(2007)는 대학생의 스트레스 및 대처방식이 음주행동에 미치는 영향, 김지현(2005)은 성별에 따른 대학생의 스트레스 대처방식과 진로결정 자기효능감 간의 관계를 보고하고 있다. 여러 연구의 결과에서 본 것처럼 스트레스에 어떻게 대처하느냐에 따라 스트레스의 영향을 감소 혹은 증가시킨다는 말은 두 가지 방향에서 살펴볼 수 있다.

첫째, 스트레스 대처가 직접 스트레스 수준에 영향을 미칠 수 있다.

둘째, 스트레스가 개인의 신체나 정서에 영향을 미치는 과정에서 대처가 이를 조절하여 그 영향력을 완화 또는 악화시킬 수 있다. 이는 곧 스트레스 대처의 스트레스에 대한 조절효과이다.

4) 스트레스 대처의 정의와 관련된 논쟁점들

대처의 정의와 대처 양식, 그리고 대처의 중재효과와 관련하여 몇 가지 주요 논쟁점들을 살펴 생각할 수 있다. 이들은 대처와 스트레스 반응의 다른 측면들의 관계, 대처와 자기조정, 스트레스 반응, 기질(temperament)의 여러 구인들과의 관계, 대처의 차원이나 하위체제의 탐구 등과 같은 논쟁점들을 살펴봄으로써 그 개념을 더 명확하게 할 수 있을 것이다.

(1) 스트레스에 대한 대처와 반응

① 능력, 탄력성과 대처

대처는 능력, 탄력성 등의 관련된 개념과 구분될 수 있다. 비록 대처, 능력, 탄력성 등의 용어는 종종 교환적으로 같은 의미로 사용되기는 하지만 발달과 적응의 다른 양상을 나타낸다(Compas & Harding Thomsen, 1998). 가장 기본적인 차이는 대처는 적응과정을 의미하고, 능력은 스트레스 적응에 필요한 성격 특성이나 자원을 의미한다. 그리고 탄력성은 스트레스나 어려운 상황에서 반응할 때 능력이나 대처를 효과적으로 수행한 결과로서 나타난다. 그러므로 대처는 능력이나 개인적 자원을 동원하거나 실행하기 위한 노력으로 볼 수 있고, 탄력성은 이러한 행동의 성공적인 결과로서 볼 수 있다. 대처는 자신의 효능에 대한 보증 없이 스트레스에 직면한 개인에 의해 수행되는 행동이나 생각을 포함한다. 반면에 탄력성은 능력을 갖춘 개인들이 스트레스에 직면하고 효과적으로 적응적인 방식으로 대처한 대처반응의 결과들을 의미한다. 그러나 모든 대처노력이 능력의 실행을 나타내는 것이 아니며, 모든 탄력성이 대처의 결과를 나타내는 것이 아니고 일부 대처노력은 실패하게 된다.

② 의지적 또는 비자발적 스트레스 반응과 대처

대처를 개념화하는 데 있어 하나의 기본적 문제는 개인의 자발적이고 의도적인 스트레스 반응과 자동적이고 의식적인 통제가 이루어지지 않은 반응의 차이를 나타내고 있다는 점이다. 두 가지 입장이 제시되었다.

먼저, 대처란 의지나 통제의 포함 여부에 관계없이 스트레스에 대한 모든 반응을 의미한다는 입장이다(Skinner, 1995). 반면 다른 관점은 대처는 의지, 노력, 의식적인 통제가 포함된 스트레스 반응에 국한되어야 한다는 입장이다(Lazarus & Folkman, 1984).

두 관점 모두 자발적이고 의도적인 스트레스 반응과 자동적이고 비자발적인 스트레스 반응이라는 두 개의 큰 범주의 중요성을 인식하고 있다는 점에서 이 차이는 어느 정도 하나의 의미를 나타낸다. 그러나 이러한 스트레스 반응의 두 가지 요소가 개념화되고 측정되는 것만큼 서로 다른 과정을 갖게 된다. 그리고 이들 사이의 관계가 이해되는 것만큼 대처과정을 이해하는 데 있어 기본적인 중요성을 갖게 된다. 이러한 개념들이 어떻게 대처의 하나의 정의에 짜 맞춰진 것인가에 상관없이 스트레스 반응을 의지 또는 비자발적 반응으로 구분하는 것은 몇 가지 점에서 중요하다.

첫째, 이 차이는 대처가 스트레스에 대한 반응에서 개인이 행동하는 모든 것을 포함한다는 점에서 대처의 지나치게 광범위하고 부정확하게 정의하는 것을 피하게 한다(Lazarus & Folkman, 1984).

둘째, 의지와 비자발적 과정은 주관적이고 질적으로 다르게 경험된다. 개인은 자신의 통제하에서 경험한 생각이나 행동과 자신들의 통제 밖에서 이루어진 생각이나 행동의 국면을 구분할 수 있다(Skinner, 1995).

셋째, 의지와 비자발적 과정은 발달과정 전반에 걸쳐 다르게 나타난다. 비자발적 반응은 발달 초기에 나타나고, 아동 초기가 되었을 때 의지적인 반응이 뒤따르게 된다.

넷째, 의지 또는 비자발적 과정은 개입에 대한 자신들의 반응양식에 차이를 나타낸다. 심리적 개입은 개인의 통제하에서 인지나 행동의 여러 측면들을 다루는 기술을 가르치도록 설계된다. 그러나 통제되지 않을 때 경험한 반응들은 간접적으로만 증가 또는 감소시킬 수 있다. 통제되거나 의도적인 반응과 자동적이고 비자발적 반응의 차이를 지지하는 경험적 연구 결과는 많이 보고되고 있다 (Compas et al., 2001). 예컨대 환경 내에서 위험 단서가 스트레스로 경험되고 그래서 대처행동이 일어나게 되는 반응들은 자동적이고 비통제적인 수준과 통제되고 전략적인 수준의 양쪽 모두에서 과정이 이루어진다. 의지와 비자발적 스트레스 반응이 서로 다른 것으로 본다 할지라도 비자발적 스트레스 반응은 의지적인 반응에 영향을 미치고, 자발적 반응이 비자발적 반응에 영향을 준다.

(2) 대처, 기질, 반응 및 조정의 관계

대처는 반응, 자기조정과 함께 기질의 여러 측면과도 다르다. 반응은 스트레스에 대한 생리적, 정서적 반응에서 개인적인 차이를 갖고 있다. 생리적 반응은 자율적인 각성의 발달, 저하, 재활성화를 포함하고 있다. 반응의 특성은 여러 정서에 걸쳐 다양함에도 불구하고 아주 반응적인 사람들은 초기 반응의 감각역이 매우 낮고 기저선으로 환원되거나 회복되는 것이 느리다. 그리고 반복적으로 스트레스에 노출되면 각성수준의 활성화 수준은 높게 나타난다. 높은 반응성은 일반적으로 억제된 기질과 관련된 반면 낮은 반응성은 억제되지 않은 기질과 관련된다. 반응이나 기질의 개인차는 대처와 관련된 것으로 기대할 수 있다. 왜냐하면 이들은 스트레스에 대한 자동적인 초기 반응에 영향을 주게 되고, 특정한 형태의 대처반응을 축소 또는 촉진시키게 되기 때문이다(Compas, 1987). 예를 들어 행동억제나 주의통제의 기질적 특성은 스트레스 반응 수준의 개인 차에 있어 중심적인 역할을 한다. 행동억제는 새로운 일, 위협 혹은 스트레스 상황에서 높은 각성수준을 경험할 경향성을 갖고 있고 회피 또는 위축된 대처방법과 관련될 수 있는 반면에 억제되지 않은 기질은 좀 더 적극적이고 접근 지향적 대처 반응을 보일 것으로 기대된다. 주의통제 능력(주의지속 능력과 주의전환 능력)의 개인차는 부정적인 정서에 대처하기 위한 기분전환 같은 전략사용 능력과 관련될 것이다. 앞에서 얘기한 대로 대처는 자기조정 혹은 그 한 측면과 관련된다. 유아 때부터 사람들은 자신들의 생리적 각성, 행동, 정서의 측면들을 조정할 수 있다(Gunnar, 1994). 그러나 조정은 초기에는 비자발적(자연발생적), 생물학적 과정을 통해서 이루어진다(Blass & Ciaramitaro, 1994). 이러한 조정능력은 학습이나 경험을 통해서 그러나 행동을 이끌어 내거나 유지시키는 맥락적인 단서의 통제하에서 획득된 반응에 의해서 발달상의 초기에 증가된다(Rothbalt, 1991). 그러므로 자기조정의 중요한 일부 측면들은 대처를 구성하는 의식적, 의도적인 노력을 할 수 있는 능력의 발달까지 선행한다. 유아에게 있어 스트레스 반응의 모습은 대처에서 자신의 행동을 스스로 진정시키는 데 있어 개인차를 나타낸다. 이런 행동들은 의식적, 의도적 자기조정에 필요한 기술보다 먼저 발달한다. 그러나 이것들은 스트레스 반응에서 자신을 조절하는 방식의 중요한 측면들이다. 대처는 의도, 표상적 사고, 언어, 초인지, 지연 능력 등을 포함한 자신과 환경에 대한 인지적, 행동적 능력의 표현에 의해서 영향을 받는다. Eisenberg 등의 일련의 연구에 따르면 정서나 행동의 조정능력의 발달은 어린 아동의 전 사회적 행동과 행동문제 양쪽의 광범위한 발달에 관련된다(Eisenberg, Fabes, Guthrie, & Reiser, 2000). 이들 연구자들은 아동들의 정서조정과 행동조정을 평가하기 위해 아동들의 행동을 직접 관찰한 부모, 교사, 또래의 보고서를 이용했다. 조정기술이 높게 평가된 아동들은 또래가 평가한 사회적 지위도 높게 나왔고, 사회적으로 적절한 행동을 더 많이 나타내었으며, 공감능력이 높고, 문제행동이 적었으며, 부정적 정서도 적게 나타났다. 이러한 결과는 아동들의 환경에서 아동의 일상적인 상호작용 속에 포함된 정서적, 행동적 조정은 아동들이 스트레스에 대처하기 위해 어떤 시도를 할 수 있는 중요한 자원체제를 제공한다는 것을 의미한다.

(3) 대처와 발달

대처와 여러 스트레스 반응들은 예견된 발달 과정으로 이어질 것으로 볼 수 있다. 그러나 이러한 과정이 본질에 대한 연구나 이론이 부족하다. 앞에서 보듯 비자발적 스트레스 반응의 일부는 출생할 때 발생한다. 그래서 대처과정의 발달보다 앞서 있다. 예컨대, 영아는 설탕에 대한 타고난 억제반응을 나타내어 초기의 자신의 정서조정을 촉진시킨다(Barr et al., 1999). 초기 자발적인 대처노력은 타인으로부터 지지나 억제를 구하거나, 위협에 따른 행동의 위축, 억제나 안전을 위한 이용 가능한 물건의 사용 등과 같은 초기 행동 수단들을 통하여 부정적 정서를 완화시키는 쪽으로 향하게 된다(Gunnar, 1994). 정서완화나 문제해결의 목표를 성취하기 위한 좀 더 복잡한 방법은 아동중기의 초기에 좀 더 복합적인 언어나 초인지 능력의 발달과 함께 나타난다. 이러한 것들은 문제 상황에 대한 인지적 재체제화 혹은 재구조화, 보호자의 부재에 대한 인지적 표상, 부정적 정서를 진정시키기 위한 자기진술(self talking)의 사용, 문제해결 대안의 생성 등을 포함한다(e.g., Normandeau & Gobeil, 1998). 개인에게 유용한 대처반응의 범주에 있어 다양성과 융통성이 크게 되는 것은 아동중기나 청소년기 동안에 발달하는 것으로 볼 수 있다. 더 나아가 청소년기 초기에 초인지 기술의 증가는 스트레스 지각이나 객관적인 특성에 대하여 자신의 능력을 대처노력에 연계시킬 수 있는 능력이 증가할 것으로 볼 수 있다. 대처과정은 단기적인 사회적 맥락의 변화와 생물학적, 인지적, 사회적 발달의 결과로서 나타나는 개인의 장기적인 변화에 반응하는 것으로 가정된다. 비록 개인은 대처 형태에 있어 어느 정도 일관성이 있는 것으로 볼 수 있다. 상황적 요인이나 발달적 변화는 대처반응에 영향을 줄 수 있다(e.g., Compas, Forsythe. & Wagner, 1988). 더 나아가 대처는 외적 행동과 내적 인지적 반응을 포함한다. 행동적, 인지적 반응의 상대적인 영향은 스트레스 맥락, 아동의 발달수준, 스트레스에 대한 학습된 반응양식에 따라 다양화될 수 있다. 발달적 관점에서 대처를 더 깊이 이해하는 데 적어도 3가지 질문이 있다.

첫째, 대처의 본질이나 구조가 나이 또는 발달 수준에 따라 변화하는가?

둘째, 아동 및 청소년기 발달과정 동안 대처는 신뢰롭고 타당하게 측정될 수 있는가?

셋째, 심리적 질병을 포함해서 대처의 중요 상관관계는 발달에 따라 변하는가? 이런 질문은 이전의 연구결과를 해석하고 장래의 연구활동을 안내하는 데 중요한 것이다.

(4) 대처의 차원과 하위형태

대처의 광범위한 정의는 대처와 스트레스 반응과정을 구분하는 데 유용하다 할지라도 그것은 서로 다른 여러 형태의 대처 반응 사이에 상이성을 갖고 있다. 대처의 자원이나 하위형태에 대해 분명히 구분할 필요가 있음에도 불구하고 아동과 청소년의 서로 다른 대처 전략들은 가장 잘 식별할 수 있는 차원이나 범주에 대해 일치된 의견이 거의 없다.

첫째, 연구자들은 대처의 구체적이고 그 하위형태와는 반대로 대처반응이 다양한 일반적인 차원을 고려하는 것이 최선인가에 대해 논의해 왔고,

둘째, 어떤 차원이나 범주가 대처의 다양성을 가장 잘 나타내는지 논의해 왔다.

① 대처의 차원(Dimension of Coping)

가장 일반적으로 사용되는 대처 차원은 문제 대 정서 중심 대처, 초기 대 2차 통제 대처, 접근(참여) 대 회피(비참여) 대처, 자기중심적 대처 대 외적 중심적 대처, 인지적 대처와 행동적 대처, 적극적 대처와 소극적 대처 등으로 대처에 대해 다소 다른 이론적 관점을 반영하는 것들이다(Compas et al., 1999).

특히 아동과 청소년의 대처 연구에서 나타나는 이런 모든 차원들이 대처의 기본적 구조에 혼돈을 주고 연구결과들을 통합하는

데 어려움을 준다.

문제 중심적 대처와 정서 중심적 대처 차원은 대처반응의 기능이 환경 내에 있는 스트레스 원천에 작용하는 것을 나타내는가 아니면 스트레스에 직면 혹은 스트레스 사건 때문에 발생하는 부정적 정서를 완화시키는 데 작용하느냐를 나타낸다(Lazarus & Folkman, 1984). Lazarus와 Folkman(1984)은 문제 중심적 대처는 정보탐색, 가능성 있는 문제해결책의 생성, 스트레스를 발생시키는 환경을 변화시키기 위한 행동들로 정의했다. 그들은 정서 중심적 대처를 개인의 정서표현, 타인의 위로나 지지 구하기, 스트레스 원천 피하기와 같은 반응으로 정의했다. 이런 차원은 아동과 청소년의 대처 연구에 광범위하게 사용되어 왔다(예: Compas, Worsham, Ey, & Howell, 1966; Hart, 1991). 그러나 이 차원에 대한 비판도 많다. 왜냐하면 이것은 너무 범위가 넓고, 특성이 다른 대처의 여러 형태를 이런 일반적인 두 범주에 분류하기 때문이다(Coyne & Goutlieb, 1996). 예를 들어 정서 중심적 대처에는 이완, 타인으로부터 정서적 지지 구하기, 자신의 가장 깊은 정서를 적어 보기, 문제가 사라지기를 바라는 것, 정서의 억압, 자기비평과 같은 다양한 전략들을 포함하고 있다. 더 나아가 하나의 대처 전략이 문제 중심적 - 정서 중심적 목표를 동시에 지향하기도 한다(Compas, Worsham. et al., 1996). 예를 들어 동료와의 갈등으로부터 멀리 떨어져 가는 것은 자신의 정서를 완화하는 정서 중심적 목표에 도움을 주고, 그 갈등을 해소하기 위한 대안을 찾아낼 시간을 확보하고자 하는 문제 중심적 목표에도 도움이 된다.

하나의 대안적 차원은 환경과 자신의 반응(초기 통제) 혹은 환경의 적응(2차 통제)에 대한 자신의 통제 감각을 증가시키는 것을 의미한다(Weise. et al., 1994). 초기 통제는 객관적인 사건 혹은 조건(문제해결)에 영향을 주거나 혹은 개인의 정서를 직접적으로 조정하는(정서표현의 조정) 방향으로 대처가 이루어지는 것을 의미한다. 2차 통제 대처는 환경에 맞추거나 적응하는 노력을 말하고, 전형적으로 수용 혹은 인지적 재구성 등이 포함된다. 이와 비슷하게 Brandtstaedter와 Renner(1990) 및 Heckhausen(1997)은 초기통제 대처를 융합적 대처(assimilative coping)로, 이차 통제 대처를 조절적 대처(accommodative)로 제시한다. 초기 – 이차 통제 차원은 대처반응 자체의 본질과 반응 속에 들어 있는 목표를 설명하기 위해 이용되어 왔다. 예를 들어 Rudolph 등(1995)이 의료기관에서 아동의 대처를 분석한 결과 고통스런 의료치료 동안의 초기 통제반응(엄마의 손 잡기)은 이차 통제 목표(그래서 엄마가 나와 함께 있음을 알게 됨)를 반영한다. 그러나 초기 통제와 이차 통제 대처의 차이점은 여러 종류의 비관여 대처(예: 회피, 부정, 원하는 생각)를 포함하지 않는다. 관여와 비관여 대처의 차이점은 아동, 청소년, 성인의 연구에서 많은 주목을 받았다(Ebata & Moos, 1991; Tobin, Holroyd, Reynolds, & Wigal, 1989 등). 관여적 대처는 스트레스 원천에 대한 반응 혹은 개인의 정서 혹은 생각(예: 문제해결 혹은 사회적 지지 구하기)에 대한 반응을 포함한다. 비관여적 대처는 스트레스 원천 혹은 개인의 정서나 생각으로부터 피하는 것을 의미한다(위축 또는 부정). 비록 관여 – 비관여적 대처의 차원은 접근 – 회피의 차원과 관련되지만, 관여 – 비관여는 회피가 개인이 관여하지 않을 수 있는 유일한 방법을 나타낸다는 점에서 크게 다르다. 인지적 전환과 같은 반응은 비관여를 포함하지만 순전히 회피는 아니다. 왜냐하면 대안적인 표적으로 주의를 돌리거나 스트레스 원천을 의식 또는 인정하기 때문이다(Ayers, Sandler, & Twohey, 1998). 문제 중심 – 정서 중심의 차이와 비슷하게 관여 – 비관여 차원은 지나치게 광범위하고 좀 더 대처의 여러 하위형태를 구분할 수 없다는 점이다. 대처의 광범위한 차원은 스트레스 반응의 체계화된 특성을 나타내는 원리들을 조직화하는 데 도움이 된다. 이렇게 다양한 대처 차원들은 대처과정과 관련된 예들이라기보다 보완적임을 나타낸다. 예를 들면 인지 – 행동적 차원은 대처과정과 관련되고, 문제 중심 대 정서 중심 차원은 대처목표에, 초기 – 이차 통제 차원은 대처과정과 목표 양쪽을 나타낸다. 그런 그들의 효과가 의미 있게 서로 다른 대처의 하위형태들의 복잡성을 감추고 있다. 예를 들어, 정서 중심적 대처 차원은 심사숙고, 원하는 생각, 사회적 위축에서부터 이완, 인지적, 행동적 전환과 같은 방법을 통한 정서조절에 이르기까지 매우 다양한 형태를 포함하고 있다는 사실 때문에 비판을 듣는다. 그러므로 이러한 광범위한 차원을 구성하는 구체적인 하위 반응형태를 고려하는 것이 필요하다.

② 대처의 범주 혹은 하위형태(Categories or Subtypes of Coping)

아동과 청소년의 대처에 있어 구체적으로 다양한 하위형태가 제시되었다. 여기에는 문제해결, 정보탐색, 인지적 재구성, 이해하기(seking understanding), 재난경험, 정서이완 혹은 해소, 신체활동, 수용, 기분전환, 거리 두기, 회피, 자기비판, 원하는 생각(소망적 사고), 유머, 억압, 사회적 위축, 수용포기, 부정, 알코올 혹은 약물사용, 사

회적 지지 구하기, 정보지지 구하기, 종교의 이용 등이 있다. 대처
측정의 문항들은 요인분석, 문항의 개념적 분류 혹은 이 두 가지 방
법을 조합한 것에 기초하여 이러한 범주 속으로 분류된다. 여러 측
정이나 연구에 걸쳐 대처의 다양한 하위형태의 적용에 있어 일관성
이 부족하여 아동이나 청소년의 대처의 응집성 있는 구조를 발전시
키는 데 상당한 어려움을 주게 되었다. 이러한 범주에 대한 중요한
사전 가정에 개념적으로 기초를 두거나 경험적인 요인분석을 통해
근본적으로 서로 다른 대처의 여러 형태는 앞에서 서술한 대처의
광범위한 하위형태별로 분류되어 왔다. 대처반응의 요인분석은 대처
의 광범위한 그리고 협소한 하위형태 사이의 차이점을 나타내는 초
기 – 이차 모형을 만들었다. 대부분의 요인구조는 탐색적인 요인 분
석에 바탕을 두었고, 서로 다른 측정 방법과 다른 표집을 사용한 연
구들 사이에 일관성이 부족했다. 3개의 최근 연구는 대처의 개념적
구조를 검증하기 위해 확인적 요인분석을 실시했다.

Ayers, Sandler, West와 Roosa(1996)는 10개의 대처 척도를 요인
분석하고 4개의 가정적 요인을 발견했다. 이들 요인을 보면 적극적
대처(인지적 의사결정, 직접적인 문제해결, 이해하기 위한 노력, 적
극적인 인지 재구조화), 사회적 지지(정서 중심 지지, 문제 중심 지
지), 전환(행동의 전환, 에너지의 신체적 방출), 회피(인지적 회피,
회피행동) 등이다. 이 4요인 모델은 자료에 아주 적합성을 제공한
반면, 문제 – 정서 중심적 대처나 접근 – 회피 대처와 같은 두 요인
모델은 적합성을 갖지 못했다.

Walker, Smith, Garber와 Van Slyke(1977)은 소아 통증에 대한 대
처 측정의 개발에서 적극적 대처(예: 문제해결, 사회적 지지 구하기,

자기 격리), 소극적 대처(예: 자기격리, 행동적 비관여, 수용), 조절적 대처(예: 수용, 전환－무시, 자기 격려) 등 3개 요인을 확인했다.

Conor－Smith 등(Compas et al., 2001에서 재인용)은 의도적 대처 반응을 초기 통제 관여 대처(문제해결, 정서표현, 정서조절), 2차 통제 관여 대처(인지적 재구성, 적극적 사고, 수용, 전환), 비관여 대처(소망적 사고, 부정) 등 3가지 요인으로 분류했다.

이와 비슷하게 Ayers 등(1996)이 제시한 두 개의 요인을 가진 대안적 모델은 문제 중심과 정서 중심적 대처와 관여－비관여 대처 자료에 대한 적합성이 없었다.

Ayers 등(1996), Walker 등(1997), Connor－Smith 등(Compas et al., 2001에서 재인용)의 연구결과는 문제－정서 중심적 대처의 사이 혹은 접근－회피 대처 사이의 구별은 아동들의 대처구조를 적절하게 반영하지 못하고 있음을 나타낸다. Ayers 등(1996)은 자신들의 적극적인 대처 요인이 문제 중심적 척도와 정서 중심적 척도의 두 개로 구성되었다는 것을 발견했다. Connor－Smith 등(Compas et al., 2001에서 재인용)은 문제해결은 초기 통제 관여 대처 요인에 대하여 두 형태의 정서 중심적 대처(정서표현과 정서조절)에 함께 부하되었다. 더 나아가 이 두 연구는 전환과 회피대처는 전환이 회피대처의 단순한 하위유형이 아님을 나타내는 분리된 요소로 부하되었음을 나타낸다. 이런 연구결과들은 확인적 요인분석 방법이 이론에 표출된 아동과 청소년의 대처자원과 하위유형의 모델을 검증하는 좋은 방법임을 나타낸다.

5) 대처 전략의 측정(Measurement of Coping)

스트레스 대처 측정은 가장 논쟁이 되고 있는 것 중의 하나이다. 스트레스가 건강에 미치는 영향을 이해하는 데 대처가 중요한 변인 중의 하나라는 점에는 대부분 동의하지만 이 대처를 어떻게 측정하는가에 대해서는 합의점을 찾기가 어렵다(Aldwin, 1994).

전통적으로 심리학은 3가지 방법에 주로 의존한다.

첫째, 실험연구 또는 실험실 중심의 연구이다.

둘째, 개인의 성격연구로서 주로 지필검사에 의존하여 반응자가 자신의 여러 특성이나 그 정도를 나타낸다.

셋째, 질적 연구로서 실제상황에서 사람들이 무엇을 생각하며 어떻게 행동하는지 탐구하며 주로 임상가들에 의해 이루어진다.

스트레스 대처연구는 이 중에서 성격연구와 질적 연구에 주로 의존한다. 그런데 대처 측정에는 여러 문제가 제기된 바 Aldwin(1994)은 이 문제를 5가지로 제시하고 있다.

(1) 대처양식 대 대처과정(Coping vs Coping Process)

이 문제는 대처 측정에 있어 개인의 비교적 고정적인 특성인 대처양식을 측정해야 하는가 아니면 개인 혹은 환경의 요구에 따라 변화하는 전략으로서의 대처과정을 측정해야 하느냐의 문제이다. 대처연구는 개인이 스트레스에 반응하고 다루는 방법에 있어 나타나는 개인차를 광범위하게 관찰하는 것에 뿌리를 두고 있다. 일찍이 Stouffer(1949)의 전쟁에 참여한 미군 병사들의 외상 후 스트레스 장애에 관한 연구에서, 일부 병사들이 주요 심리적 외상을 극복할 만한 자원을 갖지 못하자 스트레스 상황에서 쉽게 심리적 질병에 빠진 것을 확인했다. 실제로 제2차 세계대전 전쟁 피해자의 3분의 1이 정신병을 나타내었다(Friedman, 1981). 그 이래로 부정적인 스트레스 반응으로 이끄는 개인적, 환경적 요인들을 확인하는 연구들이 이루어져 왔고 이 연구들은 3가지 방향으로 구분될 수 있다. 임상심리학자나 성격심리학자들은 스트레스에 대한 취약성이나 탄력성과 관련하여 성격요인에 초점을 둔다. 이러한 성격요인들은 개인의 안정적 특성이며 대처양식으로 볼 수 있다. 이와 대조적으로 사회학자들은 개인에 대하여 환경이 취약성과 탄력적이 되도록 조직하는 방법을 탐구한다. 상호 작용적 관점이나 과정적 접근은 이 두 접근을 조합한다. 그리고 개인과 환경 사이의 역동적 상호작용을 가정한다. 바꾸어 말하면 대처는 상황적 맥락에 따라 개인 내에서 다양하게 일어나며, 개인의 특성에 따라 맥락 내에서 다양하게 나타난다. 대처는 복합적이고 역동적이며 환경에 미치는 효과에 대한 반응을 변화하는 것으로 볼 수 있다. 이들 양식들은 대부분 대처 전략의 여러 가지 내용이 담겨 있는 질문지인 지필검사에 의존한다. 이러한 측정방식의 차이는 주로 응답자에게 주어지는 대처질문지상에 주어진 지시문에 의해서 나타난다. 대처양식 혹은 대처특성의 접근은 스트레스에 대한 반응의 차이를 가져오는 개인의 안정된 특성들이 있다고 본다. 이런 접근은 전통적으로 대처양식을 의미하기 위하여 표준화된 성격 특성으로 구성된 자기진술을 사용한다. 또 다른 경우는 특정한 문제와 관계없이 응답자가 문제를 어떻게 다루는지를 묻는다. 이와 같이 대처양식 접근은 환경적 요구를 고려하지 않고 스트레스에 대하여 개인의 대처 정도가 안정성이 있다고 가정한다.

이와 달리 Pearlin과 Schooler(1978)와 같은 사회학자들은 대처 전략의 선택은 주로 사회적 맥락 특히 사회적 역할의 기능으로 본다. 이들은 "배우자 사이에 발생하는 문제에 어떻게 대처하는가?" 혹은 "아이들이 성장할 때 어떻게 대처하는가?"라고 질문한다. 사회적 접근은 특정역할 관련 행동을 역할긴장과 관련시킨다. 예를 들면, "배우자와 더 나은 의사소통을 한다."거나 "자녀들이 복종하지 않을 때 권리를 제한한다." 이 접근은 동일한 역할 내에서는 일관성이 있으나 역할과 역할 간에는 가변성이 있다. 과정적 접근은 동일한 상황이나 여러 상황 사이나 역할 사이에서 모두 일관성이 있다고 보지 않는다. 오히려 특정한 스트레스에 대해 어떤 행동을 했는지를 응답자에게 묻는다. 과정적 접근은 대처 전략에 미치는 개인과 환경 양자 모두의 영향을 확인하고자 한다. 대처 측정에 있어 이 모든 접근이 갖고 있는 방법상의 문제가 많이 있다. 대처양식 접근은 경험적으로 확인된 3가지 가정이 있다.

첫째, 일반화된 대처양식의 진술은 특정상황에서 실제행동으로 나타난다는 점이다. 이러한 가정은 Lazarus와 그의 동료들에 의해서 도전을 받았다. Cohen과 Lazarus(1973)는 병원 수술실에서 억압-민감성 특성 측정과 실제적인 접근-회피 대처 행동 사이에 상관이 없음을 확인하였다. 신경증이 높은 사람은 좀 더 정서 중심적 대처를 한다는 사실이 밝혀졌다.

두 번째 가정은 개인은 서로 다른 문제에 대해서도 일관성 있게 대처한다는 것이다. 이것은 아직 증명되지 않았다. 그러나 개인이 시험, 암과 같은 문제에 대처하는 방법은 상황의 다양한 요구에 따라 시간의 흐름에 따라 변화한다는 것이다. Ogrocki, Stephens와 Kinney(1990)는 상태 및 특성 대처 측정 사이의 상관을 연구하였다. 알츠하이머 질병을 가진 친척 간호자 연구에서 응답자들은 두 가지 상황(가정, 간호실)에서 그들의 간호상의 문제에 어떻게 대처했는지를 질문받게 되었다. 상태-특성 측정은 .25~.47의 범주의 상관을 나타내었다. 특성측정이 전반적인 건강측정과 더 높은 상관을 나타내었다. 상황 간의 관계를 살펴보았을 때, 상태측정이 특성측정보다 서로 간의 상관이 더 높게 나타났다. 이것은 상태측정이 특성측정보다 대처행동을 더 정확하게 측정하고 있음을 나타낸다. 입시연구들은 시간이나 상황에 걸쳐 개인의 대처행동의 상태와 변화의 형태를 측정하는 것이 필요하다. 개인들이 문제에 항상 어떻게 대처하는지를 묻는 질문지에 늘 하던 대로 응답하는 것이 대처양식의 존재에 대한 가장 중요한 증거인 것은 사실이다. 그러나 개인의 일반화된 대처양식의 설명이 구체적인 대처행동을 정확하게 묘사할 수 있는지에 대한 큰 관심이 있다(Folkman & Lazarus, 1980; Caver & Scheier, 1994). 사람들이 실제로 자신이 하고 있다고 믿는 행동을 실제로 그렇게 하는가에 대해서는 의문이 간다. 사람들은 자신의 수행을 실제 이상으로 평가하고 자신들이 생각하는 전략들이 적절한 것이라고 일반적으로 생각한다. 과정적 접근은 응답자들에게 매우 구체적인 사례를 회상하도록 하고, 그 일에 대처하는 데 있어 인지와 행동을 자세히 상술하도록 함으로써 이런 문제를 해결한다. 그렇게 함으로써 자기보고의 왜곡을 최소화할 수 있다. 이런 기법은 다른 문제에 대한 반응에서 그들의 대처 전략을 수정하는 것을 볼 수 있게 만들었다(Mattlin et al., 1990). 분명히 우리는 환경의 요구에 따라 서로 다른 전략을 사용한다. 예컨대 울고 있는 어린아이를 다루는 방법과 시험에 대비하기 위한 전략은 서로 다른 것이다. 그러나 스스로 보고한 대처인지나 행동의 방편으로 최근 경험한 스트레스 사건에 의존하는 것은 또 다른 문제를 갖고 온다. 그 문제는 행동을 유발하는 문제가 다양하다는 점이다. 예를 들어 직업스트레스의 경우 대처 전략의 선택에 영향을 미치는 문제의 특성들이 분명히 다르다는 점이다. 화가 난 상관에게 대처하는 것과 고장 난 기계를 고치기 위해 사용되는 대처 방식이 다르다. 이 문제를 극복하기 위한 한 가지 방법은 비슷한 스트레스를 경험하고 있는 사람들을 연구하는 것이다. 대학생을 대상으로 한 연구에서 연구자들이 발견한 것은 대처는 성격특성(Bolger, 1990)과 상황적 요구(Mattlin et al., 1990)의 양자에 의해 영향을 받을 뿐만 아니라 사회적, 물리적 환경의 영향을 받는 유동적 과정이라는 점이다. 대처과정을 측정할 것인지 아니면 대처양식을 측정할 것인지를 결정하는 핵심적 기준은 가까이에 있는 연구문제임에 틀림없다. 만약 누가 어떤 학생이 특정시험에 어떤 수행을 보이는지 가장 잘 알려고 한다면 그 학생이 그 시험을 위해 어떻게 준비하는지 아는 것(과정측정)이 중요하다. 그러나 학생의 전반적인 평균 성적을 예언하고자 한다면, 그 학생이 평소에 시험에 어떻게 대처해 왔는지(양식측정)를 알아보는 것이 더 바람직하다. 스트레스 연구도 이와 비슷하게, 과정측정은 즉각적인 결과를 예측하는 데 적절한 반면 양식측정은 장기적인 결과를 예측하는 데 더 적절할 것이다. Caver 등(1989)은 응답자들에게 지시에 의하여 일반적 혹은 구체적인 전략을 기록할 수 있도록 함으로써 대처의 상태-특성 측정을 개발하여 이 장벽의 양쪽을 해결하려 하였다. 이 두 방향에 대한 선호는 어느 정도까지 연구자의 개인적, 학문적 선호에 의해서 이루어지고 늘 그렇듯이 구체적인 문제를 연구자가 늘 명심해야 한다.

(2) 심리측정상의 문제들(Psychometric Issues)

대처양식의 단순성을 선호하는 연구자들은 대처과정의 측정은 측정이론적으로 문제가 있다고 지적한다. 특히 Amirkan(1990)은 가장 일반적으로 많이 사용하고 있는 WOCS(the Ways of Coping Scale; Folkman & Lazarus, 1980; Folkman et al., 1986)가 불안정한 요인구조를 갖고 있고 하위척도들의 내적 신뢰도가 낮다고 비판한다. 이런 이유로 보면 대처과정을 측정하여 여러 상황들 사이에 나타나는 어떤 변화는 상황 그 자체가 주는 영향보다 도구의 신뢰도가 없기 때문이다. 단지 접근-회피 대처에만 초점을 두면 Amirkan이나 Endler와 Parker(1990)는 그들의 대처양식 측정이 측정이론으로 보면 과정적 측정보다 더 우수하고 그래서 특성측정이 일반적으로 과정측정보다 더 우수하다고 주장한다. 이런 논리가 가진 문제점은 이 연구자들이 좋은 성격검사 도구가 무엇으로 구성되었는가에 기준을 두고 이 기준을 현장검사 도구에 부적절하게 적용했다는 점이다. 성격특성은 개인의 안정된 특성을 다루게 되어 있다. 이와 같이 이런 특성은 검사-재검사 신뢰도가 높아야 한다. 더 나아가 성격측정은 자기진술의 부정확성이 다소 있고, 하나의 구인에 여러 개의 서로 다른 문항들을 사용함으로써 매우 불필요하다. 그리고 이것이 내적 신뢰도를 높이게 된다. 과정을 측정하는 도구는 현장체제에 사용되도록 설계되었다. 그러나 안정성이 부족하다. 과정측정 도구들은 다양성과 변화를 다루도록 되어 있고, 신뢰성 있는 정의에 의해서 만들어진 것이 아니다. 더 나아가 문항의 기록에 있어 어느 정도 분명치 않은 점은 그 문항들이 여러 상황에 적용될 수 있도록 하기 위함이다. 그래서 문항의 의미가 상황에 따라 달라질 수 있고, 이것 때문에 요인구조가 약간 변화될 수 있다. 그러나 이것은 척도의 구인이 잘못되었다기보다 오히려 도구가 실제현상을 정확하게 반영하지 못한 결과로 볼 수 있다. 실제로 여러 상황에 대한 요인구조의 변화는 상황의 요구 양식에 대하여 많은 것을 말해 줄 수 있다. 예를 들어 WOCS의 요인구조는 류마티스 병이나 암과 같은 심각한 질병에 놓여 있는 환자들이 피험자가 되었을 때 체계적으로 변화될 수 있다(Dunkel – Schetter et al., 1992). 심각한 질병의 특성이 대처방식을 변화시킨다. 그러나 그것이 WOCS가 결점이 있다고 보도록 만들지 않는다. 요인구조나 내적 신뢰도는 다양하다. 왜냐하면 대처는 과정이고 그 과정은 시간의 흐름에 따라 변화될 수 있기 때문이다. 지필검사는 시간의 흐름에 따른 대처 전략의 변화를 다룰 수 없다. 왜냐하면 처음에 이렇게 했고 그러고 나서 다음에 이렇게 했다라고 하지 않기 때문이다(Coyne, 1992). 아주 신뢰도가 낮은 검사도구야말로 대처과정을 실제적으로 나타낼 수 있을 것이다. 특정 문제와 관련되어 어떤 하나의 대처 전략을 체크하는 검사는 거의 다양성이 부족하여 개인이 자신이 무엇을 했는지를 설명하는 데 있어 일관성이 부족하게 나타날 것이다. 예를 들어 '실천계획을 세우고 그대로 실천했다.', 그리고 '아무것도 결정할 수 없었다.'라고 종종 피험자들이 표기한다. 실제로는 이것이 전혀 모순된 진술이 아니다. 이 전략은 연속성이 있다. 즉 처음에는 문제를 해결하려고 했으나 실패했고 그 다음에는 아무것도 결정할 수 없었거나 혹은 아무것도 할 수 없다고 평가했으나 그다음에 좀 더 가까이 살펴보고 실천 가능성을 발견할 수도 있다. 혹은 위와 같은 응답은 그 문제의 서로 다른 측면을 나타낸다고 볼 수 있다. 어떤 남편이 부인이 죽어 가는 사실에서 아무것도 할 수 없는 고통스런 현실에 직면하나 부인의 고통을 완화시키기 위해 적극적인 행동을 할 수 있기 때문이다. 이와 같이 대처 검사에서 능동적인 전략과 소극적인 전략 양쪽 모두에 표기하는 것은 전혀 모순된 것이 아니다. 그러나 그것은 하위척도의 내적 신뢰도를 저하시키고, 요인구조의 직교성과 안정성에 문제를 일으킨다. 분명히 척도의 구성에서 모순성이나 신뢰도 부족은 한계점을 갖고 있고 이중으로 작성된 내용은 배제할 필요가 있다. 더 나아가 스스로 작성하는 대처질문지에서 흔히 사용하는 시기와 평정 두 가지에 대하여 피험자들이 해석할 때 개인차가 나타나는 것은 몇 가지 문제가 있다(Stone, Greenbery, Kennedy-Moore, & Newman, 1991). 그럼에도 불구하고 실제 상황에서 사용되는 과정적 측정을 성격측정과 똑같은 측정기준으로 취급하는 것은 온당치 않다(Aldwin, 1994). 이 두 가지는 서로 다른 목적과 기능을 갖고 있고 현장연구는 복합적이고 변화무쌍하며 정확성이 부족하기 마련이기 때문이다. 아직은 연구가 방법적으로 덜 발전되어 있기 때문이다.

(3) 대처 전략의 일반성과 구체성(General vs Specific Coping Strstegy)

만약 어떤 척도가 아주 구체적인 상황에 적합하도록 만들어졌다면 바로 그 상황에 대해서는 매우 효과적으로 작용할 것이다. 그러나 다른 상황에 대해서 일반화시키기는 어렵게 된다. 반대로 어떤 척도가 관련된 여러 상황에 적합하도록 표현이 불분명하다면, 그 척도는 특정상황에 대해서는 적합하지 않을 것이다. 분명히 대처양식 연구자들은 일반적인 형태로 표현되는 문항을 가진 대처측정 도구를 선호할 것이다. 예를 들어 일상생활에서 단추 대신 찍찍이를 사용하는 것은 성격의 기능으로 보기 어렵다. 그러나 합리적으로 문제에 접근하거나 문제해결책을 찾기 위하여 꾸준히 노력하는 것은 성격특성으로 볼 수 있다. 관점에 따라 열심히 반복하는 행동을 보고 고집이 있다고 볼 수 있지만 다른 관점에서 보면 문제를 지나치게 일찍 포기하는 것도 고집으로 볼 수 있다. 이와 같이 행동의 구체성을 갖도록 힘쓰는 것은 실제적으로 사용하고 있는 대처행동을 정확하게 측정할 수 있게 만드는 것이다. 이것은 특정상황에서 유용하게 사용되는 대처 전략을 확인하는 데 특히 중요하다. 반대로 매우 구체화된 도구는 여러 상황에 대한 대처 전략의 안정성과 변화와 같은 문제 때문에 대처연구에서 사용되기 어려운 경우가 있다. 특히 상황에 따라 대처 전략의 효율성을 비교하기 위해서는 좀 더 일반화된 내용이 담긴 문항이 필요하다. 그러나 이러한 문항들은 예언타당도를 약화시킨다. Lazarus(1990)는 절충적 입장을 제시했다. 즉 WOCS와 같은 일반성 있는 대처척도를 사용하여 특정상황에 맞도록 수정하였다. 이론적으로 이것은 어느 정도 연구 사이에 비교가 가능하게 했으나 예언타당도의 손실을 최소화할 수 있었다. 그러나 Endler와 Parker(1990)는 이런 것은 방법적으로 문제가 있다고 비판한다. 문항의 대체나 첨가는 척도의 요인구조에 영향을 줄 수 있다는 것이다. 이와 같이 대처 전략의 구조에 대한 합의에 이르기까지는 어려운 점이 있다. 특정연구에서 대처문항의 구체성과 일반성 중 어느 것을 측정해야 하는가는 전적으로 그 연구의 목적에 달려 있다(Aldwin, 1994).

(4) 다양성 대 단순성(Diversity vs Simplicity)

일반적으로 대처 양식에 초점을 둔 연구에서는 성격에 바탕을 둔 접근을 일반적으로 사용하고 있다. 아울러 접근 – 회피측정도 구체화된 문항보다 일반성 있게 서술된 문항들을 많이 사용한다. 이렇게 일반성을 가짐으로 해서 스트레스나 대처연구의 결과들을 통합할 수 있는 포괄적인 이론적인 틀을 제공할 수 있다. 바꾸어 말하면 만약 한 연구에서 문제 중심적 대처를 접근적 대처로 간주하고, 정서 중심적 대처를 회피적 대처로 본다면 이 두 연구 사이의 접근 – 회피 전략을 확인할 수 있게 되고 이와 같은 방식으로 여러 상황에서 두 가지 대처양식을 이용하여 일반화된 결론을 도출할 수 있게 될 것이다. 이 접근은 일상생활 환경에서 사람들이 사용하는 수많은 대처 전략을 반영하기에는 너무너무 단순하다는 비판을 듣는다. 이 접근은 맥락에 따라 적응적이거나 부적응적인 것이 될 수 없어 대처 전략들과 융합되기가 어렵다. 인지적 평가와 같은 전략들은 회피 혹은 접근적 전략들을 촉진하는 전략으로 범주화할 수 있다. 예를 들어 사별과 같은 스트레스 상황에서는 단순히 접근 중심적 대처 전략이 나타나기 어렵다고 볼 수 있다. 이런 상황에서 인지적 평가 노력들은 적절하고 효과적일 수 있다. 즉 과부는 남편이 죽기 전 몇 개월 혹은 몇 년 전에 이미 세상을 떠났다는 고통을 실제적으로 기꺼이 수용함으로써 자신을 편안하게 만들 수 있다. 이것은 회피전략으로 볼 수 없다. 다른 한편으로 인지적 평가는 문제를 회피하는 하나의 방법이 될 수 있다. "그것은 어쨌든 중요한 문제는 아니에요."라고 말함으로써 사장이나 직장 동료들과 직접적인 충돌을 피할 수 있다. 그러나 결국에는 문제해결을 위한 노력이 부족하면 문제를 더 악화시킬 수 있다. 결국 인지적 평가는 문제 중심적 노력을 촉진한다. 어린 육상 선수가 다가오는 시험에 대하여 다음과 같이 부정적으로 생각할 수 있다. '내가 만약 실패하면 나는 장학금을 받을 수 없고 결국 나는 대학에 갈 수 없게 되면, 내 인생은 실패하게 된다.' 이 상황에서 조금 더 현명하게 인지적 재평가가 이루어지면 그 운동선수는 시험에 대해 충분히 여유 있는 마음을 가진 게 될 것이다. '내가 잃어버릴 것이 뭐가 있겠어. 내가 합격하면 좋은 것이고 그렇지 못하면 대학에 갈 수 있는 또 다른 방법을 생각해 봐야지.' 이와 같이 포괄적인 전략(인지적 평가)은 접근적 대처와 회피적 대처가 될 수 있거나 어떤 상황에서 단지 유일하게 할 수 있는 일이다. 그리고 그 효과도 상황에 좌우된다. Mattlin 등(1990)은 재평가는 사별과 같은 상실을 다루는 데 가장 효과적이었으나 재평가가 문제 중심적 대처와 동반되지 않을 때는 역효과적이었음을 확인했다. 이와 같이 대처 전략의 조합은 어떤 특정한 대처 전략의 효과성에 영향을 줄 수 있다. 이런 점은 오락과 같은 정서 중심적 전략에도 마찬가지이다. 오락은 매우 유용한 타임아웃 전략이다. 독서, 친구와 영화 보기 혹은 텔레비전 시청 등은 좀 더 효과적인 문제 중심적 노력을 가능하게 만드는 회복기능을 한다. 그러나 문제해결 노력을 사전에 차단하려고 사용하는 오락은 부적응적이다. 즉 회피전략을 현명하게 사용하면 도움이 되지만 문제해결 노력을 전적으로 배제하기 위한 회피는 적절하지 않다. 사회적 지지를 추구하거나 문제해결에 필요한 행동을 연기하는 것도 같은 방식으로 이해될 수 있다. 가족, 친구, 동료들로부터 충고나 도움을 얻는 것은 개인이 사용할 수 있는 매우 유용하고 필요한 전략이다. 문제에 대해 친구에게 불평을 하거나 모든 시간을 허비하고 어떤 노력도 하지 않는다면 가장 쓸모없는 전략이 될 것이다. 그러나 적절한 결정을 하기 위한 정보를 얻기 전까지 문제해결을 위한 노력을 잠시 미루는 것은 좋은 일이지만 문제를 해결해야 할 기회가 지나갈 때까지 결정을 미루는 것은 잘못된 것이다. 이와 같이 접근-회피 이분법적 구분은 너무 단순해서 실제적인 대처 노력을 포착하기 쉽지 않다. 문제를 해결하기 위한 노력은 유용하고 회피하는 것은 유용하지 않다는 관점은 지나치게 일반화되어 있다. 사람들의 문제해결 방법, 문제해결 속도나 노력은 어떻게 하는지 알기 어렵고, 타임아웃 전략의 효과나 부정적 정서를 다루는 유용한 방법은 무엇인지 등에 대해 알아내는 것이 쉽지 않다. 접근-회피와 같은 이분법적 범주화의 또 하나의 문제는 모든 정서 중심적 대처를 회피적인 대처로 범주화한다는 것이다. 그러나 실제로는 정서 중심적 대처가 문제 중심 대처를 촉진할 수도 있다는 점이다.

Folkman과 Lazarus(1980)는 문제 중심 - 정서 중심 이분법적 대처 범주화에 대해서 비판을 가한다. 문제나 정서를 다루는 방법은 많은 차이점이 분명히 있다. 이러한 차이점들을 분간하지 못하면 대처노력의 효과성을 확인할 수 없다는 것이다. 이런 이유로 인해 문제 - 정서 중심 대처의 서로 다른 양식을 확인하기 위해 WOCS의 요인분석을 하게 되었다(Aldwin, Folman, Coyne, Scheifer, & Lazarus, 1980). 이 연구결과 7개의 요인을 확인하였다. 도구적 행동(instrumental action), 현실도피, 주의하기(exercising caution), 성장 지향적 대처, 사회적 지지 구하기, 자기비난, 위협 최소화하기. 일반적으로 이런 요인구조는 시간이 지날수록 타당화되어 이후 대부분의 요인은 5 - 8 차원으로 확인되고 있다(Dunkel - Schetter et al., 1992). 척도의 수정이나 발생되는 문제 형태에 따라 요인구조의 변화는 적었으나 대처에 있어 같은 문제는 다시 제기되었다. Moos와 그의 동료들은 절충적인 방법들을 제시하였는데 좀 더 다면화시킨 과정적 접근으로 접근 - 회피 방식을 결합한 것이었다(Moos et al., 1990). 이 방법은 접근 - 회피의 이분법적 구조를 유지하면서 정서 - 문제 중심 대처의 양쪽에 하위 범주를 두는 방식이다. 구체적으로 접근적 전략 내에 인지적 노력과 행동적 노력 양쪽을 반영하는 하위척도가 있다. 이렇게 해서 단순한 접근 - 회피의 이분법적 접근이 문제해결 노력을 방해하는 정서 중심 전략과 문제해결 노력을 지지하는 정서 중심 전략을 구분할 수 없다는 비판을 해결하게 되었다.

또 회피 - 접근 범주 내에도 역시 인지적 척도와 행동적 척도가 있어서 어떤 행동의 문제를 회피하는 방법인지를 알 수 있게 되었다(예: 알코올중독, 약물복용). 다른 한편으로 일부 연구자들은 WOCS

가 지나치게 단순하여 가능한 모든 전략을 포함하지 못하며 또 실제로 중요한 몇 가지 전략이 배제되어 있다고 비판하였다. Coyne와 Smith(1991)은 WOCS(다른 척도도 마찬가지지만)가 실제로 대인관계 맥락에서 여러 가지 대처가 일어날 때에도 종종 대처를 영웅적이고 개인적인 특별한 노력으로 본다는 것이다. 즉 한 개인이 문제에 대처하는 방법은 다른 사람들이 그 상황에서 어떻게 행동하는가에 따라 영향을 크게 받는다는 것이다. 대처는 의사결정 과정일 뿐만 아니라 평가와 대처 양면의 과정인 것은 사실이다. 더 나아가 WOCS는 다른 사람의 요구에 무조건 굴복, 타인을 속이거나 조종하려는 시도, 남을 지배하려는 시도와 같은 매우 중요한 대인관계 전략을 측정하는 항목이 없다는 점이다(Hobfall & Dunahoo, 1992). DeLongis, Bogler와 Kessler(1987)는 새로운 도구를 만들기보다 기존의 WOCS에 일부 대인관계 항목을 단순히 첨가함으로써 이 문제를 해결하고자 하였다. 이와 같이 하여 대처척도의 제2세대가 등장한다. 일부 연구자들은 측정되는 대처 전략의 수나 양식을 제한함으로써 대처측정을 단순화하려고 시도했다(Amirkian, 1990; Endler & Parker, 1990; Moos, 1990). 반면에 또 다른 연구자들은 서로 다른 문항들을 포함시켜 대처 범주를 확대하려 했다(DeLongis et al., 1987). 또 원래의 WOCS를 단순히 좀 더 다듬고자 했다(e.g., Dunkel - Schetter et al., 1992). 기본적인 대처 전략을 확인하기 위해서 요인분석에 지나치게 의존하는 것도 문제가 있다. 이러한 분석의 결과는 척도에 필요한 최초의 문항 선택에 주로 의존하기 때문이다. 예를 들면 Berkeley Stress and Coping Project에는 WOCS에 포함되어 있던 '기도' 항목이 처음에는 포함되어 있지 않았다. 다른 사람의 조사 범주는 이 전략이 자주 언급되는 것으로 밝혀졌다. 즉 개정판에는 대처 전략으로서 '기도'를 측정하는 문항이 포함되었다. 그러나 그것은 어떤 요인에도 부하되지 않았기에 거기에 중점을 두지 않을 수 있다. 어떤 특성 요인에 '기도' 항목이 부하되지 않았다는 것이 그 '기도'가 중요한 대처 전략이 아니라는 의미인가? 그렇지 않다. 그것은 그 자체의 요인을 형성하기 위하여 '기도'를 측정하는 여러 항목을 포함시키는 것이 필요하기 때문이라는 것을 의미한다. California Coping Inventory를 개발하기 위하여 Aldwin (1994)은 대처 전략으로서의 '기도'의 사용을 측정하기 위하여 3개의 문항을 포함시켰다. 이 문항들은 그들 자신의 독립된 요인을 형성한다. 이와 같이 초기의 문항들은 최종 요인구조가 무엇인가에 대해 큰 영향을 미친다. 대처척도의 가장 큰 문제는 이 척도들이 이론적으로 바탕이 되어 만들어지지 않았다는 점이다(Aldwin, 1994). 대처 전략이 어떻게 그리고 왜 스트레스를 완화 혹은 증가시키는지에 대한 이론을 개발하기 전에 대처 전략의 확인이 요구되는 요인분석이 신중하게 검토되어야 한다. 다양한 성격검사 도구가 존재하는 것처럼, 다양한 대처척도가 필요할 것이다. 어느 척도를 선택하는가는 반드시 연구문제에 따라 척도가 선택되어야 한다.

(5) 평정척도(Rating Scale)

대처척도는 응답자에게 어떤 전략을 사용하는지를 묻는 이분문항으로 된 단순 체크리스트를 사용하거나 응답자에게 각 전략을 사용하는 정도를 표시하도록 하기 위해 각 문항에 붙어 있는 몇 가지 평정척도를 사용할 수 있다. 각 방식은 자체 나름의 장단점을 갖고 있다. 이분문항들은 해당 전략이 사용된 방법에 대해서 매우 적은 정보를 갖고 있다. 특정 전략이 사용된 방법에 따라 효과적인지 부적응적인지에 큰 영향을 미친다. 예를 들어 약간의 오락은 유용하나 지나친 오락은 해로운 법이다. 이분문항으로 된 척도들은 변량이 부족하고 또 왜곡되기 쉽고 첨도적(kurtotic)이어서 예언타당도에 제한을 가져온다. 더 나아가 척도의 내적 신뢰도는 평정척도보다 더 낮은 경향성이 있다. 평정척도는 내적 신뢰도와 예언타당도 양쪽에 유리한 점이 있다. 그러나 거기에는 단점도 있다. 대처 전략 척도상의 문항들은 언제나 똑같이 인지와 행동이 이질적으로 혼합되어 있고, 바로 동일한 평정척도는 문항의 특성에 따라 다르게 해석될 수도 있다. Stone과 그의 동료들(1991)은 다음과 같은 이유로 개정 WOCS의 평정척도를 비판했다. 응답자들이 각 전략들에 대해서 사용한 정도인 '전혀', '조금', '다소', '많이'는 '빈도', '기간', '노력', '유용성'의 4가지 방법으로 해석될 수 있다. 그러나 Stone과 그의 동료들의 관점에서는 이런 방법은 수용될 수 없다. 왜냐하면, 이 방법은 사람들이 각 문항에 대하여 같은 방식으로 해석하지 않기 때문이다. 상호 작용적 접근에서는 어떤 일의 발생보다 그 일이 각 개인에게 주는 의미에 따라 예측하려고 한다. 심리치료자의 입장에서는 어떤 사실의 발생보다 그 일로 인한 부담이나 이 부담에 따라 발생하는 감정을 아는 것이 중요하다. 이와 같이 비록 대처노력의 기간이 확인되었다 하더라도 그 노력, 자원의 동원, 그리고 결과를 확인하지 않는다. 해야 할 일이 어렵다고 느끼는 학생은 더 많은 정서적 에너지를 소모할 것이다. 이와 같이 좀 더 많은 대처노력을 했을 때, 대처 전략을 평정하는 것이 적절할 것이다. 부분적으로 어떤 것을 측정할 때의 어려움은 Heinsberg의 그 유명한 불확실성의 원리이다. 필연적으로 측정과정은 그 자체 내에서 그리고 그 자체로 인하여 측정되고 있는 사실을 왜곡하게 된다. 이분문항을 사용하는 것은 응답자들이 사용한 전략의 경향성을 포기할 때에는 좀 더 객관적일 수 있다. 그러나 사용된 대처전략의 정도를 측정하지 않게 되면 이것은 실제현상을 왜곡하게 된다. 또 다른 한편으로 평정척도의 주관성이 있다. Aldwin(1994)은 이분문항으로 이루어진 단순척도와 주관적으로 평정하는 복합적인 척도 중 후자가 심리적, 신체적 결과를 더 잘 예측하는 것으로 보고한다. 그럼에도 불구하고, 척도에 있어 융통성 있는 규준을 사용한다는 생각은 쉽게 수용할 일이 아니다. 위에서 본 것처럼 단순한 빈도도 사람에 따라 다양하게 해석되고 심지어 이분문항도 다양한 해석의 대상이 된다. 어떤 척도나 단점을 갖게 마련이다. 이런 단점을 최소화하는 것이 중요하다.

(6) 의식의 대처방법(How Conscious Is Coping)

행동주의자들은 개인을 환경의 요구에 자동적으로 조건화된 반응을 한다고 보고, 정신분석학에서는 환경이나 개인 내적 요구에 방어기제를 이용하여 무의식적으로 반응한다고 설명한다. 대처과정 패러다임의 이점은 그것이 환경적 요구에 수동적으로 반응한다는 관점을 예방적인 관점으로 바꾼다는 점이다. 그것은 특정 목적을 성취하기 위하여 문제에 반응하기 위하여 문제를 예견하고 외적 환경과 자신의 내적 환경을 관리한다는 의미이다. 바로 대처 전략이란 용어는 의식적이고 합리적인 의사결정임을 나타낸다. 이런 인지적 관점은 대처과정의 합리성을 크게 의심하는 일부 임상가들에 의해 큰 비판을 받았다. 이 관점에서는 많은 대처반응은 자동적(자연발생적)으로 일어나는 것이지 의식적인 통제하에서 일어나는 것이 아니라는 것이다(Scheier & Kleban, 1992). 우리들의 첫 정서적 반응은 자연발생적이고, 심지어 최적의 조건에서도 많은 사람들의 대처는 이성적이지도 않고 사고의 결과도 아니라는 것이다. 방어기제가 무의식의 과정이라면 방어기제의 측정은 간접적일 수밖에 없다. 일반적으로 이 측정은 상세화된 임상 면접에 의한다. 이 접근의 주요한 한계점은 정서조절에 초점을 둔다는 점과, 문제를 해결하기 위한 적극적인 노력에 대해서 소홀히 한다는 점이다. 대처와 방어의 면접평정에서 평정자 간 신뢰도는 Haan의 체계(Morrissey, 1977)와 Vaillant의 체계(Vaillant, 1977) 양쪽 모두 낮게 나타나는 경향성이 있다. 만약 대처가 주로 무의식적 과정이라면 이 점은 모든 자기보고식 대처검사에 문제를 불러일으킬 것이다. 그러나 무의식 방어기제는 대부분의 일상적 생활환경에서 극소수의 사람들만이 사용한다(Aldwin, 1994). 무의식적 방어기제가 낮게 나오는 이유는, 첫째, 극히 위협적인 문제에 대해서만 방어기제가 활성화되기 쉽다. 둘째, 대처는 하나의 실제적 과정이다. 비록 극심한 위협이 있는 문제에 대한 초기 반응은 무의식적인 방어기제가 될 수 있지만 시간이 흐르면서 대부분의 사람들은 좀 더 현실적인 판단을 하게 된다(Lazarus, 1983). 더 이상 방어할 수 없는 극소수의 사람만이 방어기제를 고수하게 된다. 더 문제가 되는 것은 방어기제의 확인이 상대적으로 극히 드물다는 점이다. 왜냐하면 방어기제가 실제로 작동한다고 해도 개인은 문제를 가지고 있다고 보고하지 않기 때문이다. 이것이 스트레스와 대처 연구의 심각한 문제이다. 자기보고식 스트레스 조사는 잘못된 부정적인 내용의 비율이 매우 높다. 질문지에서 스트레스가 없다고 보고한 사람들 중에서 많은 사람들이 면접상황에서는 문제를 드러내고 있는 것이다. 자기보고식 검사에서 문제를 보고한 대부분의 남자들은 엄격히 말하면 방어기제인 부정(denial)의 상태에 있는 것이 아니다. 이것은 오히려 인지적 재구성 과정을 반영하는 것이다. 일부 사람들에 있어서는 문제가 해결되었을 경우 그 문제는 현실의 문제가 아니었다. 응답자가 문제를 보고하지 않으면 연구자는 그들의 대처 전략을 측정할 수 없다. 따라서 면접방식과 같은 가능한 방법을 동원하여 가능한 한 정확한 측정이 이루어져야 한다. 그러나 면접방식은 비용이 많이 들고 많은 시간이 소모된다. 개인의 무의식적 대처 노력이 어느 정도인지 이해하려면 면접방식이 유일한 최선의 방법으로 보인다(Aldwin, 1994).

5. 심리사회적 스트레스의 중재 및 조절 과정

지금까지 스트레스 과정에서 이루어지고 있는 여러 가지 변인들을 살펴보았다. 이러한 변인들의 중재 및 조절 과정에 대하여 Taylor와 Aspinwall(1996)은 다음 그림과 같이 제시하여 설명한다.

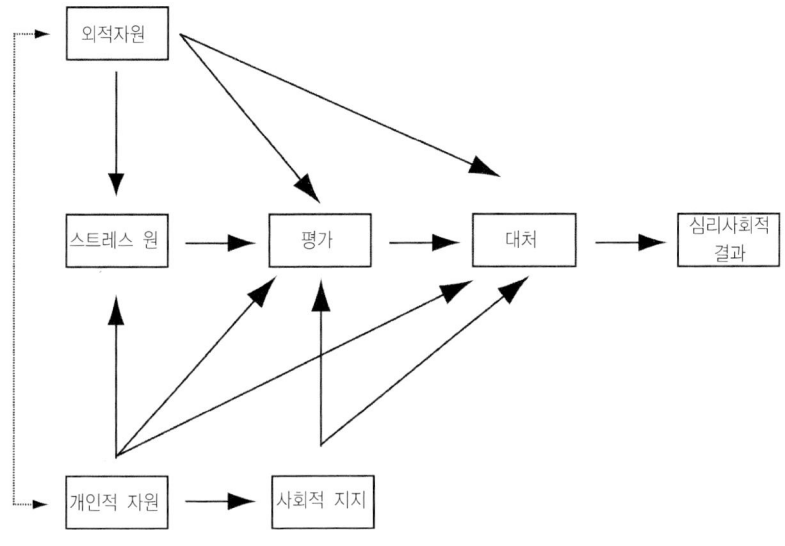

Kaplan, 1966, p.98.

〈그림 4-5〉 심리사회적 스트레스의 중재 및 조절 과정

이 그림에서 보듯 스트레스원에서 심리사회적 결과 사이에 여러 가지 변인들이 작용하고 있다. 심리사회적 결과에 대한 외적, 개인적, 사회적 자원들의 영향은 대처과정에 의하여 중재된다. 또 대처과정 이전에도 개인의 사회적 자원은 스트레스원에서 심리사회적 결과에 이르는 인과과정에서 작용하게 된다. 즉 개인적, 사회적 자원들은 대처에 직접 영향을 미치거나 또 스트레스 자체의 발생이나 특성, 스트레스원에 대한 평가, 사회적 지지의 사용 가능성과 효용성, 사회적 지지 자원의 유지 여부 등에 영향을 주게 된다. 이번에는 사회적 지지가 평가과정을 통하여 간접적으로 대처에 영향을 주게 되고 직접적으로는 정보의 제공이나 기능적인 도움을 통하여 대처에 영향을 주게 된다. 외적 자원은 상황의 요구나 만족을 나타내

는 외적 환경의 여러 측면을 구성하는 요소가 된다. 또 시간, 돈 물리적 환경 등에서부터 사회적 역할에 이르기까지 걸쳐 있는 다양한 환경체제, 사회조직체 내에서의 개인의 위치에 따른 여러 가지 요소들과 같은 실제적인 외적 자원들은 스트레스의 원인이나 스트레스의 지속 여부에 영향을 주게 된다. 이 그림에서 외적 자원은 스트레스의 종류나 특성을 결정할 뿐만 아니라 개인에게 긍정적인 기회를 제공하기도 하고 스트레스에 대처하게 만들기도 한다. 외적 자원은 2차 평가에 영향을 준다. 외적 자원과 개인자원 사이의 연결선은 이 둘 사이에 상호 영향을 주며 상호 작용하는 것을 나타낸다. 외적 환경과 개인적 경험이 서로 연합되어 특정상황에 노출되게 하거나 피하게 만든다. 즉 개인적 자원이나 외적 자원 단독으로 스트레스 과정에 영향을 미치는 경우는 드물다. 여기서 편의상 스트레스원으로부터 시작되는 피드백 선이 생략되어 있는 부분이 있는데 시간의 흐름에 따라 스트레스원 자체도 외적, 개인적, 사회적 자원의 사용 가능성에 영향을 주게 되며, 스트레스 대처의 효과에도 영향을 주게 되어 스트레스의 영향을 긍정적으로 혹은 부정적으로 작용하게 만든다. 이런 모든 과정을 살펴볼 때 개인이 스트레스 사건을 경험하거나 또 이러한 스트레스 사건에 대처하는 과정에서 개인적, 외적, 사회적 자원들이 역동적으로 상호 작용하여 스트레스의 심리사회적 결과에 대한 영향을 중재 및 조절하게 만든다는 사실을 알 수 있다. 스트레스 연구에서 이러한 변인들과 이 변인들이 작용하는 과정에 대한 연구가 앞으로도 지속적으로 이루어질 필요성이 있는 것이다.

〈참고문헌〉

공수자, 이은희(2006). 여자 대학생들의 생활스트레스와 우울간의 관계에서 대처 방식의 매개효과. 한국심리학회지: 여성, Vol.11, No.1, 21 – 40.

김윤배(2007). 대학생의 스트레스 및 대처방식이 음주행동에 미치는 영향. 한서대 학교 대학원 석사학위 논문.

김정호, 김선주(2007) 스트레스의 이해와 관리. 서울: (주)시그마프레스.

김지현(2005). 성별에 따른 대학생의 스트레스 대처 방식과 진로결정 자기효능감 간의 관계. 단국대학교 대학원 석사학위논문.

김차희, 이민규(2006). 성격양식 및 대인관계 문제해결 능력이 생활스트레스와 우 울에 미치는 영향. 한국심리학회지: 건강. Vol.11, No.1, 163 – 175.

김후영(2006). 심리적 강인성 발달연구. 가톨릭대학교 대학원 석사학위 논문.

이홍식(2000). 현대인의 스트레스 예방과 관리법. 국민건강 보험공단 발행. 서울: (주)모아인쇄.

임민경(2002). 일부도시 저소득층의 사회적 지지와 건강의 관계. 서울대학교 보건 대학원 석사학위 논문.

전미애(2006). 대학생의 진로준비행동과 스트레스 대처 전략에 관한 연구. 충남대 학교 대학원 석사학위 논문.

정동화(1995). 아동의 학교스트레스와 그에 따른 부적응에 대한 사회적 지지의 완 충 효과. 고려대학교 대학원 박사학위 논문.

조현영(1999). 전화상담 자원 봉사자의 상담활동 지속과 관련된 심리적 특성. 가톨 릭 대학교 대학원 석사학위 논문.

최미경, 조용래(2005). 생활스트레스와 지각된 불안 통제감 및 대처양식이 대학생 의 불안에 미치는 영향. 한국심리학회지: 임상. Vol.24, No.2, 281 – 198.

하동희(2005). 성별에 따른 대학생의 스트레스 대처 방식과 진로결정자기효능감 간 의 관계. 단국대학교 대학원 석사학위 논문.

한주리, 남궁 은정(2008). 커뮤니케이션 능력 및 의사소통의 양과 질에 따른 대학 생의 스트레스와 스트레스 대처의 차이. 아동학회지 제29권 제1호, 325 – 337.

Aldwin, C. M.(1994). Stress, coping, and development – an integrative perpective, New York: The Guilford Press.

Aldwin, C., Folkman, S., Coyne, J., Scheier, C., & Lazarus, R. S.(1980). The ways of coping scale: A process approach. Paper presented at the annual meeting of the American Psychological Association. Montreal, Quebec, Canada.

Aldwin, C. M., Levenson, M. R., Spiro, A. III., & Bosse, R.(1989). Does emotionality predict stress? Finding from the Normative Aging Study, Journal of Personality & Social Psychology, 56, 618 – 624.

Allred, K. D. & Smith, T. W.(1989). The hardy personlity: Cognitive and physiological response to evaluative threat. Journal of Personality and Social Psychology, 56, 257 – 266.

Amirkhian, J. H.(1990). A factor analytically derived measure of coping: The Coping Strategy Indicator. Journal of personal and collective resources, Behavioral Medicine, 18, 159 – 166.

Aspinwall, L. G. & Branhart, S. M.(1995). Distinguishing optimism from denial: Optimistic beliefs predict attention to health threats. Taylor and Aspinwall (1996)에서 재인용.

Aspinwall, L. G., & Taylor, S. E.(1992). Modeling cognitive adaptation: A longitudinal investigation of the impact of individual differences and coping on college adjustment and performance. Journal of personality and social Psychology, 63, 989 – 1003.

Ayers, T. S., Sandler, I. N., & Twohey, J.(1998). Conceptualization and measurement of coping in child psychology(Vol.20, pp.243 – 301). New York: Plenum.

Ayers, T. S., Sandler, I. N., West, S. G., & Roosa, M. W.(1996). A dispositional and situational assessment of children's coping: Testing alternative models of coping. Journal of Personality, 64, 923 – 958.

Bandura, A.(1977). Self – efficacy: Toward a unifying theory of behavioral change. Psycholoical Review, 84, 191 – 215.

Barr, R. S., & Young, S. N., Wright, J. H., Gravel, R., & Alkauf, R.(1999). Differential calming responses to sucrose taste in crying infants with and without colic. Pediatics, 103, 68 – 75.

Beck, A. T.(1967). Depression: Clinical, Experimental, and theortical aspects. Philadelphia: University of Pensylvania Press.

Beck, A. T.(1986). Hopelessness as a predictor of eventual suicide. Annals of the New York Academy of Science, 587, 90 – 96.

Blass, E. M., & Ciaramitaro, V.(1994). A new look at some old mechanisms in human newborns: Taste and tactile determinants of state, affect, affect, and action. Monographs of he Society for Research in Child Development, 59(1,

Serial No.244).

Bolger, N.(1990). Coping as a personality process: A prospective study. Journal of Personality and Social Psychology, 59, 525 – 537.

Bolger, N., & Schilling. E. A.(1991). Personality ad problems of everyday life: The role of neuroticism in exposure and reactivity to daily stressors. Journal of Personality, 59, 355 – 386.

Brandtstaedter, J., & Renner, G.(1990). Tenacious goal pursuit and flexible goal adjustment: Explication and age – related analysis of assimilative and accommodative strategies of coping. Psychology and Aging, 5, 58 – 67.

Burns, M. O., & Seligman, M. E. P.(1989). Explanatory style across the life span: Evidence for stability over 52 years. Journal of Personality and Social Psychology, 56, 471 – 477.

Byrne, D.(1964). Repression – sensitization as a dimension of personality. In B. A. Mahler(Ed.), Progress in experimental personality research. Vol.1, pp.169 – 220. New York: Academic Press.

Cannon, W. B.(1915). Bodily changes in pain, hunger, fear, and rage. New York: Appleton.

Cannon, W.(1933). The wisdom of the body. New York: Norton.

Cannon, W.(1934). The significance of emotional level. Scientific Monthly, 38, 101 – 110.

Carver, C. S., Pozo, C., Harris, S. D., Noriega, V., Scheier, M. F., Robinson, D. S., Kecham, A. S., Moffat, F. L. Jr., & Clark, K. C.(1993). How coping mediates the effect of optimism on distress: A study of woman with early stage breast cancer. Journal of Personality and Social Psychology, 65, 375 – 390.

Carver, C. S., & Scheier, M. F.(1994). Situational coping and coping dispositions in a stressful transaction. Journal of Personality and Social Psychology, 66, 184 – 195.

Carver, C. S., Scheier, M. F., & Weintraub, J. K.(1989). Assessing coping strategies: A theoretically – based approach. Journal of Personality and Social Psychology, 56, 267 – 283.

Cassidy, T.(1999). Stress, cognition and health. London: Routledge.

Cohen, S., & Mc Kay, G.(1984). Social support, stress and the buffering hypothesis: A theoretical analysis. In A. Baum, S. Taylor, & J. Singer(Eds.), Handbook of Psychology and Health: Vol.4. Social Psychology and Health. Hillsdale: Erlbaum.

Cohen, F., & Lazarus, R. S.(1973). Active coping processes, coping dispositions, and recovery from surgery. Psychosomatic Medicine, 35, 375 – 389.

Cohen, S., & Williamson, G. M.(1991). Stress & infectious disease in humans. Psychological bulletin, 109(1), 5 – 24.

Compas, B. E.,(1987). Coping with stress during childhood and adolescence. Psychological Bulletin, 101, 393 – 403.

Compas, B. E., (1998). An agenda for coping research and theory: Basic and applied developmental issues. International Journal of Behavioral Development, 22, 231 – 237.

Compas, B. E., Connor – Smith, J. K., Saltzman, H., Tomsen, A. H., & Wadsworth, M.(1999). Getting specific about doping: Effortful and involuntary responses to stress in development. In M. Lewis & D Ramsey(Eds.), Soothing and stress(pp.229 – 256). New York: Cambridge University Press.

Compas, B. E., Connor – Smith, J. K., Saltzman, H., Thomsen, A. H., & Wadsworth, M. E.(2001). Coping with stress during children and adolescence: Problems, progress, and potential in theory and research. Psychological Bulletin, vol.127. no.1, 87 – 127.

Compas, B. E., Forsythe, C. J., & Wagner, B. M.(1998). Consistency and variability in causal attributions and coping with stress. Cognitive therapy and Research, 12, 305 – 320.

Compas, B. E., & Harding Thomsen, A.(1998). Competence across the lifespan: Lessons from coping with cancer. In D. Pushkar, W. Bukowski, A. Schwartzman, D. Stack, & D. Stack, & D. White (Eds.), Improving competence across the lifespan: Building interventions based on theory and research(pp.9 – 26). New York: Plenum.

Compas, B. E., Malcarne, V. L., & Fondacaro, K. M.(1988). Coping with stressful events in older children & young adolescents. Journal of Consulting & Clinical Psychology, 56(3), 405 – 411.

Compas. B. E., Worsham, N., Ey., S., & Howell, D. c.(1996). When mom or dad has cancer. II. Coping, cognitive appraisals, and psychological distress in children of cancer patients. Health Psychology, 15, 167 – 175.

Contrada, R. J.(1989). Type A behavior, personality hardiness, and cardiovascular response to stress. Journal of personality and Social Psychology, 57, 895 – 903.

Coyne, J.(1992). But life is not a controlled experiment: Problems in the assessment of coping. Paper presented at the annual meeting of the American

Psychological Association, Washington, DC.

Coyne, J. C., & Goutlieb, B. J.(1996). The mismeasure of coping by checklist. Journal of Personality, 64, 959 – 991.

Coyne, J., & Smith, D. A. F.(1991). Couples coping with a myocardial infarction: A contextual perspective on wive's distress. Journal of Personality and Social Psychology, 61, 404 – 412.

Cross, C. K., & Hiesschfeld, M. A.(1986). Psychosocial factors and suicidal behavior. Annals of the New York Academy of Science, 487, 77 – 89.

Davey, G. C. L., Hampton, J., Farrell, J., & Davidson, S.(1991). Some characteristic of worrying: Evidence for worrying and anxiety as separate constructs. Personality and Individual Differences, 13, 133 – 147.

Delongis, A., Bolger, N., & Kessler, R. C.(1987). Coping with marital conflict. Paper presented at the annual meeting of the American Psychological Association, New York.

Dunkel – Schetter, C., Feinstein, L. G., Taylor, S. E., & Falke, R. L.(1992). Patterns of coping with cancer. Health Psychology, 11, 79 – 87.

Ebata, A., & Moos, R.(1991). Coping and adjustment in distressed and healthy adolescents. Journal of Applied Developmental Psychology, 12, 3 – 54.

Eisenberg, N. Fabes, R. A. & Guthrie, I.(1997). Coping with stress: The roles of regulation and development. In J. N. Sandler & S. A. Wolchik(Eds.), Handgook of Children's coping with common stressors: Linking theory, research, and intervention(pp.41 – 70). New York: Plenum.

Eisenberg, N. Fabes, R. A., Guthrie, I. K., & Reiser, M.(2000). Dispositional emotionality and regulation: Their role in predicting quality of social functioning. Journal of Personality and Social Psychology, 78, 136 – 157.

Endler, N. S., & Parker, J. D. A.(1990). Multidimensional assessment of coping: A critical evaluation. Journal of Personality and Social Psychology, 58, 844 – 854.

Felner, R. D.(1984). Vulnerability in childhood: A preventive framework for understanding children's efforts to cope with life stress and transitions. In M. C. Roberts & L. Peterson(Eds.), Prevention of problem in childhood (pp.133 – 169). New York: Wiley.

Folkman, S., & Lazarus, R. S.(1980). An anslysis of coping middle aged community sample. Journal of Health and Social Brhavior, 25, 229 – 244.

Francis, A., Fyer, M., & Clarkin, J.(1986). Personality and sucide. Annals of the New York Academy of Sciences, 487, 281 – 293.

Friedman, M. J.(1981). Post – Vietnam syndrome: Recognition and management. Psychosomatics, 22, 931 – 943.

Friedman, H. S., & Booth – Kewley, S.(1988). Validity of the Type A construct: A reprise. Psychological Bulletin, 104, 381 – 384.

Friedman, M., & Rosenman, R.(1974). Type A behavior and your heart. New York: Knoff.

Friedman, H. S., Tacker, J. S., Tomlinson – Keasey, C., Schwartz, J. E., Wingard, D. L., & Criqui, M. H.(1993). Does childhood personality predict longevity? Journal of Personlity and Social Psychology, 65, 176 – 185.

Funk, S. C., & Houston, B. K.(1987). A critical analysis of the hardiness scale validity and utility. Journal of Personality and Social Psychology, 53, 572 – 578.

Ganellen, R. J., & Blaney, P. H.(1984). Hardiness and social support as a moderotors of the effects of life stress. Journal of Personality and Socil Psychology, 47(1), 153 – 163.

Grant, K. E., Compas, B. E., Thurm, A., McMahon, S. O., & Ey, S.(2000). Stress & Developmental psychopathology: Moving from makers to mechanisms of risk. Unpublished manuscript. De Paul University, Chicago.

Gunnar, M.(1994). Psychoendocrine studies of temperament and stress in early childhood: Expanding current models. In J. E. Bates & T. D. Wachs(Eds.), Temperament: Individual differences at the interface of biology and behavior(pp.25 – 38). Washington, DC: American Psychological Association.

Haan, N.(Ed.). (1977). Coping defending. New York: Academic Press.

Hart, K. E.(1991). Coping with anger – provoking situations. Journal of Adolescent Research, 6, 357 – 370.

Hawkins, N. G., Davis, R., & Holmes, T. H.(1957). Evidence of pschological factors in the development of pulmonary tuberculosis. American Review of Tuberculosis and Pulmonary Diseases, 75, 768 – 780.

Headney, B., & Wearing, A.(1989). Personality, lifeevents, and subjective well – being: Toward a dynamic equilibrium model. Journal of Personality and Social Psychology, 57, 731 – 739.

Heckhausen, J.(1997). Developmental regulation across adulthood: Primary and secondary control of age – related challenges. Developmental Psychology, 33, 176 – 187.

Hobfall, S., & Dunahoo, C.(1992). Are we studying coping strategies or piecemeal behavior? Paper presented at the annual meeting of the American

Psychological Association, Washington, DC.

Holahan, C. J., & Moos, R. H.(1987a). Personal and contextual determinants of coping strategies. Journal of Personality & Social Psychology, 52, 946 – 966.

Holahan, C. J., & Moos, R. H.(1987b). Risk, resistance, and psychological distress: A longitudinal analysis with adults and children. Journal of Abnormal Psychology, 96, 3 – 13.

Holahan, C. J., & Moos, R. H.(1990). Life stressors, resistance factors and improved psychological functioning: Anextension of the stress resistance paradigm. Journal of Personlity and Social Psychology, 58, 909 – 917.

Holahan, C. J., & Moos, R. H.(1991). Life stressors, personal and social resources, and depression: A four – year structual model. Journal of Abnormal Psychology, 100, 31 – 38.

Hull, J. G., Treuren, V., & Virnelli, S.(1987). Hardiness and health: A critique and alternative approach. Journal of Personality and Social Psychology, 53(3), 518 – 530.

Jerusalem, M.(1990). Temporal patterns of stress appraisals for high – and low – anxious individuals. Anxiety research, 3, 113 – 129.

Kamen – Siegel, L., Rodin, J., Seligman, M. E. P., & Dwyer, J.(1991). Explanatory style and cell – mediated immunity in elderlymen and women. Health Psychology, 10, 229 – 235.

Kaplan, H. B.(1996). Psychosocial Strss. San Diego, California: Academic Press, Inc.

Kendler, K. S., Kessler, R. C., Heath, A. G., Neale, M. C., & Eaves, L. J.(1991). Coping: A genetic epidemiological investigation. Psychological Medicine, 21, 337 – 346.

Kessler, R. C., Kendler, K. S., Heath, A. C., Neale, M. C, & Eaves, L. J.(1992). Social support, depressed mood, and adjustment to stress: A genetic epidemiological investigation. Journal of Personality and Social Psychology, 62, 257 – 272.

Kleckler, D. M.(1990). Social support as a moderator of adjustment among high stress adolescents. Unpublished master's thesis, Nothern Illinois University, Dekalb, IL.

Kleckler, D. M.(1993). Perceived social support and stress among adolescents: A test of the stress buffering hypothesis. Unpublished doctoral dissertation, Nothern Illinois University, Dekalb, Illinois.

Kobasa, S. C.(1979). Stressful life event, personality, and health: An inquiry into hardiness. Personality and Social Psychology, 37, 1 – 11.

Kobasa, S. C.(1982). The hardy personality: Toward a social psychology of stress and health. In G.S.,Sanders, & J. Suls(Eds.), Social psychology of health and illness. Hillsdale: Erlbaum.

Krohne, H. W.(1996). Individual differences in coping. In M. Zeidner & N. S. Endler(Eds.), Handbook of coping: Theory, research, and application(pp.381 − 409). New York: Wiley.

Krohne, H. W., & Egloff, B.(2005). Vigilant and avoidant coping: theory and measurement. In Spielberger, C. D., & Sarason, I, G(Ed), Stress and Emotion. vol.17(pp.97 − 120). New York: Routledge T & F Group.

Langer, E. J., & Rodin, J.(1976). The effect of choice and enhanced personal responsibility for the aged: A field experiment in an institutional setting. Journal of Personality and Social Psychology, 34, 191 − 198.

Lazarus, R. S.(1983). The costs and benefits of denial. In S. Breznitz(Ed.), The denial of stress(pp.1 − 30). New York: International Universities Press.

Lazarus, R. S.(1984). Trivialization of distress. In B. L. Hammonds, & C, J. Scheier(Eds.), Psychology and Health: The master lecture series. Washington, D. C.: American Psychological Association.

Lazarus, R. S.(1990). Theory − based stress measurement. Psychological Inquiry, 1, 3 − 13.

Lazarus, R, S.(1991). Emotion and adaptation. New York: Oxford University Press.

Lazarus, R. S.(1993). Coping theory and research, Past, present, and future. Psychosomatic Medicine, 55, 2324 − 2347.

Lazarus, R. S., DeLongis, A., Folkman, S., & Gruen, R.(1985). Stress and adaptational outcomes − The problem of confounded measures. American Psychologist, 40(7), 770 − 779.

Lazarus, R. S., & Folkman, S.(1984). Stress, appraisal, and coping. New York: Springer.

Lin, E. H., & Peterson, C.(1990). Pessimistic explanatory style and response to illness. Behaviour Researchand Therapy, 28, 243 − 248.

Litt, M. D., Tennen, H., Affleck, G., & Klock, S.(1992). Coping and cognitive factors in adaptation to in vitro fertilization failure. Journal of Behavioral Medicine, 15, 171 − 187.

Locke, E. A.(1976). The nature and cause of job satisfaction. In M. D. Dunnette(Ed.), Handbook of industrial and organizational psychology (pp.1297 − 1349). Chicago: Rand McNally.

Lundberg, U. L., Theorell, T., & Lind, E.(1975). Life changes & myocardial infraction:

Individual differences in life change scaling. Journal of Psychosomatic Research, 19, 27 – 32.

Maddi, S. R., Barton, P. T., & Pucetti, M.(1987). Stressful events are indeed a factor in physical illness: Reply to Schroeder & Costa(1984). Journal of Personality & Social Psychology, 52(4), 833 – 843.

Mattlin, J., Wethington, E., & Kessler, R. C.(1990). Situational determinanys of coping and coping effectiveness. Journal of Health and Social Behavior, 31, 103 – 122.

Meninger, K.(1966). The vital balance: The life processes in mental health and illness. New York: Macmillan.

Millon, T.(1982). On the nature of clinical health psychology. In T. Millon, C. Green, & R. Meagher(Eds.), Handbook of clinical health pschology(pp.1 – 28). New York: Plenum.

Moos, R. H.(1990). Conceptual and empirical approaches to developing family – based assessment procedures: resolving the case of the Family Environment Scale. Family Process, 29, 199 – 208.

Moos, R. H., Brennan, P. L., Fondacaro, M. R., & Moos, B. S.(1990). Approach and avoidance coping responses among older problem and nonproblem drinkers. Psychology and Aging, 5, 31 – 40.

Morrissey, R. F.(1977). The Haan model of ego functioning: An assessment of empirical research. In N. Haan(Ed.), Coping and defending(pp.250 – 279). New York: Academic Press.

Mroczek. D. K., & Spiro, A., Aldwin, C. M., Ozer, D. J., & Bosse, E.(1993). Construct validation of optimism and pessimism in oldermen: Findings from the normative aging study. Health Psychology, 12, 406 – 409.

Normandeau, S., & Gobeil, A.(1998). A developmental perspective on children's understanding of causal attributions in achievement – related situations. International Journal of Behavioral Development, 22, 611 – 632.

Norris, F. H., & Murrell, S. A.(1984). Protective function of resources related to life events, global stress and depression in older adults. Journal of Health and Social Behavior, 25, 424 – 437.

Ogrocki, P. K., Stephens, M. A. P., & Kinney, J.(1990, November). Assessing caregiver coping: State vs. trait approaches. The Gerontologist, 30, 135A.

Pearlin. L. I.(1989). The socialogy study of stress. Journal of Health and Social Behavior, 30, 241 – 256.

Pearlin, L. I., Lieberman, M. A., Menaghan, E. G., & Mullan, J. T.(1981). The stress process. Journal of Health and Social Behavior, 22, 337－356.

Pearlin, L. I., & Schooler, C.(1978). The structure of coping: compulsive experience and its interpretation. Lexington, MA: Lexington Books.

Peterson, C., Seligman, M. E. P., & Vaillant, G. E.(1988). Pessimistic explanatory style is a risk factor for physical illness: A thirty－five－year longitudinal study. Journal of Personality and Social Psychology, 55, 23－27.

Plomin, R., Scheier, M. F., Bergeman, C. S., Pedersen, N. L., Nesselroade, J. R., & Mc Clearn, G. E.(1992). Optimism, pessimism, and mental health: A twin and subsequent medical care utilization. Health Psychology, 6, 273－288.

Rabkin, J. G., & Struening, E. L.(1976). Life events, stress, and illness. Science, 194, 1013－1020.

Rhodewalt, F., & Zone, J. B.(1989). Appraisal of life change, depression and illness in hardy and nonhardy women. Journal of Personlity and Social Psychology, 56, 81－88.

Rogers, S, J., Parcel, T. L., & Menaghan, E. G.(1991). The effects of maternal working conditions and mastery on child behavior problems: Studying the intergenerational transmission of social control. Journal of health and social behavior, 32, 145－164.

Rothbart, M. K.(1991) Temperament: A development framework. In J. Strelau & A. Angleitner(Eds.), Explorations in temperament: International perspectives on theory and measurement(pp.61－74), New York: Plenum.

Rudolph, K. D., Dennig, M. D., & Weisz, J. R.(1995). Determinants and consequences of children's coping in the medical setting: Conceptualization, review, and critique. Psychological Bulletin, 118, 328－357.

Rutter, B. M.(1979). The prognostic signifiocance of psychological factors in the management of choronic bronchitis. Psychological Medicine, 9, 69－70.

Scheier, M. F, & Carver, C. S.(1985). Optimism, coping and health: Assessment and implication of generalized outcome expectancies. Health and Psychology, 4, 219－247.

Scheier, M. F., & Carver, C. S.(1992). Effects of optimism on psychological and physical well－being: theoretical overview and empirical update. Cognitive Therapy and Research, 16, 201－228.

Scheier, L. M., & Kleban, M. H.(1992). Multidimensional structure of psychological distress in the aged. Paper presented at the annual meeting of the American Psychological Association, Washington, DC.

Sherbourne, C. D., & Steward, A. L.(1991). The MOS social support survey. Social

Science Medicine, 32(6), 705 – 714.

Skinner, E. A. (1995). Perceived control, motivation, and coping. Thousand Oaks, CA: Sage.

Skinner, E. A., Edge, K., Altman, J., & Sherwood, H.(2003). Searching for the Structure of Coping: A review and critique of category systems for classifying ways of coping. Psychological Bulletin, vol.129, no.2, 216 – 269.

Skinner, E. A., & Wellorn, J. G.(1994). Coping during childhood and adolescence: A motivation perspective. In D, Featherman, R. Lerner, & M. Perlmutter(Eds.), Life – span development and behavior(pp.91 – 133). Hillsdale, NJ: Erlbaum.

Smith, C. A., & Lazarus, R. S.(1990). Emotion and Adaptation. In L. A. Perrin(Ed.), Handbook of Personality: Theory and research(pp.609 – 637). New York: Guilford Press.

Stallard, P., Velleman, J., Lansford, & Baldwin, S.(2001). Coping and psychological distress in children involved in road traffic accident. British Journal of Clinical Psychology, 40, 197 – 208.

Steptoe, A., & Vogele, C.(1992). Individual differences in the perception of bodily sensations: The role of trait anxiety and coping style. Behavior Research Therapy, 30, 597 – 607.

Stone, A. A., Greenberg, M. A., Kennedy – Moore, E., & Newman, M. G.(1991). Self – report, situation – specific coping question naires: What are they measuring? Journal of Personality and Social Psychology, 61, 648 – 658.

Stouffer, S. A.(1949). The american soldier. Princeton: Princeton University Press.

Taylor, S. E., & Aspinwall, L. G.(1996). Mediating and moderating process in psychosocial stress, In H. B. Kaplan(Eds.,), Psychosocial Stress(pp.71 – 110). San Diego: Academic Press, Inc.

Taylor, C. J., & Scogin, F.(1992). Dysphoria and coping in women: The effect of threat and challenge appraisals. Journal of Social and Clinical Psychology, 11, 26 – 42.

Taylor, S. E., Helgeson, V. S., Reed, G. M., Skokan, L. A.(1991). Self – generated feelings of comtrol and adjustment to physical illness. Journal of Social Issues, 47, 91 – 109.

Taylor, S. E., & Kemeny, M. E., Aspinwall, L. G., Schneider, S. G., Rodriguez, R., & Herbert, M(1992). Optimism, coping, psychological distress and highrisk sexual behavior among men at risk for acquired immunodeficiency syndrome (AIDS). Journal of Personality and Social Psychology, 63, 460 – 473.

Thompson, S. C., & Apacapan, S.(1991). Perception of control in vulnerable populations. Journal of Social Issues, 47, 1 − 22.

Tobin, D. L. Holroyd, K. A., Reynolds, R. V., & Wigal, J. K.(1989). The hierachical factor structure of the Coping Strategies Inventory. Cognitive Therapy and Research, 13, 343 − 361.

Vaillant, G.(1977). Adaptation to life: How the best and the brightest came of age. Boston: Little Brown.

Van der Velde, F. W., Van der Pligt, J., & Hooykaas, C.(1994). Perceiving AIDS − related risk: Accuracy as a function of differences in actual risk. Health Psychology, 13.24 − 33.

Vitaliano, P. P., Russo, J., & Maiuro, R. D.(1987). Locus of control, type of stressor, and appraisal within a cognitive − phenomenological model of stress. Journal of Research in Personality, 21, 224 − 237.

Walker, L. S., Smith, C. A., GArber, J., & Van Slyke, D. A.(1997). Development and validation of the Pain Response Inventory for Children. Psychological Assessment, 9, 392 − 405.

Wallston, K. A., Wallston, B. S., Smith, S., & Dobbins, C. J.(1987). Perceived control and health. Current Psychological Research and Reviews, 6, 5 − 25.

Watson, D., & Clark, L. A.(1984). Negative affectivity: The disposition to experience aversive emotional states. Psychological Bulletin, 96, 465 − 490.

Watson, D., & Pennebaker, J. W.(1989). Health complaints, stress, and distress: Exploring the central role of negative affectivity. Psychological Review, 96, 234 − 254.

Weisz, J. R.(1990). Development of control − related beliefs, goals, and styles in childhood and adolescence: A clinical perspective. In J. Rodin, C. Schooler, & K. Warner Schaie(Eds.), Self − directedness: Cause and effects throughout the life curs(pp.103 − 145). Hillsdale, NJ: Erlbaum.

Weisz, J. R., McCabe, M. A., & Dennig, M. D.(1994). Primary and secondary control among children undergoing medical procedures: Adjustment as a function of coping style. J of Consulting & Clinical Psychology, 62, 324 − 332.

Wiebe, D. J.(1991). Hardiness and stress moderation: A test of proposed mechanisms. Journal of Personality and Social Psychology, 60, 89 − 99.

Whisman, M. A., & Kwon, P.(1993). Life stress and dysphoria: The role of self − esteem and hoplessness. Journal of Personality and Social Psychology, 65, 1054 − 1060.

William, P. G., Wiebe, D. J., & Smith, T. W.(1992). Coping process as a mediators of the relationship between hardiness and health. *Journal of Behavioral Medicine*, 15, 237 – 255.

Woods, M.(1972). The unsupervised child of the working mother. *Developmental Psychology* 6(1), 14 – 25.

Worden, J. W., Sobel, J.(1978). Egostrength and psychosocial adaptation to cancer. *Psychosomatic Medicine*, 40, 585 – 592.

Wortman, C. B., & Silver, R. C.(1989). The mith of coping with loss. *Journal of Consulting Clinical Psychology*, 57, 349 – 357.

찾아보기

인명

정동화

▌약 력

춘천교육대학교 졸업(1974)
상지대학교 졸업(1982)
고려대학교 교육대학원(교육방법 전공, 교육학 석사)(1985)
고려대학교 대학원 교육학과(교육심리 전공, 교육학 박사)(1996)

▌경 력

고려대학교, 경희대학교, 강남대학교, 단국대학교 등 강사
고려대학교 교육문제연구소 연구교수 역임
현) 강남대학교 특별임용 교수

▌저서 및 논문

『유아생활지도와 상담』 외 다수
「대학생의 생활스트레스와 그에 따른 불안 및 우울에 대한 스트레스 대처의 효과」 외 다수

심리사회적
Psychosocial
stress
스트레스

초판인쇄 | 2010년 4월 30일
초판발행 | 2010년 4월 30일

지 은 이 | 정동화
펴 낸 이 | 채종준
펴 낸 곳 | 한국학술정보㈜
주   소 | 경기도 파주시 교하읍 문발리 파주출판문화정보산업단지 513-5
전   화 | 031) 908-3181(대표)
팩   스 | 031) 908-3189
홈페이지 | http://www.kstudy.com
E-mail | 출판사업부 publish@kstudy.com
등   록 | 제일산-115호(2000. 6. 19)

ISBN 978-89-268-0997-6 93370 (Paper Book)
      978-89-268-0998-3 98370 (e-Book)